場面でマスター！
中国語会話

氷野　善寛
板垣　友子
紅粉　芳惠
阿部慎太郎
海　　暁芳

駿河台出版社
SURUGADAI SHUPPANSHA

◆

　本書の音声は駿河台出版社ウェブページから無料でダウンロードできます。
下記ＵＲＬを入力するか、弊社ウェブページから「場面でマスター！中国語会話」を検索し、音声を
ダウンロードしてください。ファイルは圧縮されていますので、スマートフォンでご利用の場合は解
凍ソフトをアプリストアよりダウンロードの上、ご使用ください。

　　　　　　　　http://www.e-surugadai.com/books/isbn978-4-411-03119-8

　　　　また特設の本書専用の特設ウェブページを利用することができます。

　　　　　　　　　　http://www.ch-station.org/master-chinese/

まえがき

　本書は初めて中国語を学ぶ学生を対象とした入門の教科書である。『例文音読でマスター中国語文法』（文法編）と『場面でマスター中国語会話』（会話編）の2冊を2年間かけて学ぶことで文法と会話の基礎から応用までをしっかり身に付けられるように設計している。文法編では特に「読む力」「書く力」を、会話編では「聞く力」「話す力」を伸ばしていただきたい。外国語をマスターするためには文字、単語、文法を覚えるだけではなく、その言葉を使う人々の文化的背景や考え方、生活様式などを含めて学ぶことが求められる。現在日本には数多くの中国人旅行者が来日しており、街中いたるところで中国語に出会うことだろう。ぜひマスターした中国語を使ってそういった文化の一端に触れてもらいたい。

　会話編では会話の基本をマスターするために日本にやってきた留学生や旅行者との会話、また中国での現地の人との会話など、いくつもの場面を想定したリアルな会話を多数収録している。場面別の会話と、会話の中で使われる単語をふんだんに盛り込んだ。会話の場面をイメージしながらこれらの中国語をしっかりと声に出すことで、中国語を運用する骨格を作ってもらえればと考えている。音読で培った基礎をもとに自由な会話を楽しんでいただきたい。

著者一同

目　次

発音編

ガイダンス　　　　　　　　　　　8
① 声調・単母音・複母音　　　　12
② 子音　　　　　　　　　　　　18
③ 鼻母音　　　　　　　　　　　22
④ 儿化、組合せ、声調変化　　　26
ピンインルールまとめ　　　　　30
総合練習　　　　　　　　　　　33

会話編

UNIT1　名前と挨拶……………　36
　01-1 名前を言える
　01-2 初対面の挨拶ができる

UNIT2　学年と出身……………　40
　02-1 学年を言える
　02-2 学年を言える

UNIT3　家族構成と年齢………　44
　03-1 家族構成を言える
　03-2 年齢を言える

UNIT4　クラスと学び…………　48
　04-1 クラスについて説明できる
　04-2 勉強していることを言える

UNIT5　家と仕事………………　52
　05-1 家の所在地を言える
　05-1 職業について言える

UNIT6　持ち物と人間関係……　56
　06-1 ○○を持っているかどうか言える
　06-2 友人がいるかどうか言える

UNIT7　日付と誕生日…………　60
　07-1 日付や曜日を言える
　07-2 誕生日を言える

UNIT8　携帯とスマホ…………　64
　08-1 携帯電話の番号を言える
　08-2 WeChatを交換できる

UNIT9　学校と時間割…………　68
　09-1 自分の学校を紹介できる
　09-2 時間割を言える

UNIT10　時間と日課……………　72
　10-1 時間について言える
　10-1 日課について言える

UNIT11　通学の手段と時間…………　76
　11-1 通学手段を言える
　11-2 距離と所要時間を言える

UNIT12　趣味と時間……………　80
　12-1 趣味について話せる
　12-2 どれぐらい時間をかけるか言える

UNIT13　興味……………………　84
　13-1 興味の対象について話せる①
　13-2 興味の対象について話せる②

UNIT14　スキル…………………　88
　14-1 できること、できないことを言える
　14-2 どのくらいできるか言える

UNIT15　予定と約束……………　92
　15-1 約束ができる
　15-2 待ち合わせができる

UNIT16　訪問……………………　96
　16-1 友人宅を訪問して挨拶できる
　16-2 友人宅から帰る

UNIT17　経験……………………　100
　17-1 映画を見たことがあるか
　　　　尋ねることができる
　17-2 旅行に行ったことがあるか
　　　　話すことができる

UNIT18　料理……………………　104
　18-1 食事について話せる
　18-2 料理の味について話せる

UNIT19　ファッション…………　108
　19-1 身に着けているものについて話せる
　19-2 身に着けているものを
　　　　ほめることができる

UNIT20　場所……………………　112
　20-1 場所を説明できる①
　20-2 場所を説明できる②

UNIT21　天気……………………　116
　21-1 天気について言える①
　21-2 天気について言える②

UNIT22　お金	120
22-1　価格について話せる	
22-2　お小遣いについて話せる	
UNIT23　アルバイト	124
23-1　アルバイトについて話せる①	
23-2　アルバイトについて話せる②	
UNIT24　買い物	128
24-1　お店で自分が欲しいものを伝えることができる	
24-2　お店で様々な要望を伝えることができる	
UNIT25　値段交渉	132
25-1　値段交渉ができる①	
25-2　値段交渉ができる②	
UNIT26　支払い	136
26-1　支払いができる①	
26-2　支払いができる②	
UNIT27　予約	140
27-1　電話でレストランを予約できる①	
27-2　電話でレストランを予約できる②	
UNIT28　入店	144
28-1　予約をしたレストランに入店できる	
28-2　予約なしでレストランに入店できる	
UNIT29　注文	148
29-1　レストランで注文できる	
29-2　ファストフード店で注文できる	
UNIT30　食事	152
30-1　店員とやりとりができる	
30-2　お持ち帰りできる	
UNIT31　乗物	156
31-1　交通手段について説明できる	
31-2　乗り換えの説明ができる	

UNIT32　交通	160
32-1　所要時間と運賃を言える①	
32-2　所要時間と運賃を言える②	
UNIT33　道案内	164
33-1　距離を言える	
33-2　道案内ができる	
UNIT34　旅行の計画	168
34-1　旅行の相談ができる	
34-2　旅行の下調べができる	
UNIT35　病気	172
35-1　身体の調子について言える	
35-2　症状を言える	
UNIT36　ホテル	176
36-1　チェックインができる	
36-2　チェックアウトができる	
UNIT37　ホテルの食事	180
37-1　ホテルの朝食を確認できる	
37-2　ホテルの食事を選べる	
UNIT38　トラブル	184
38-1　困ったことを伝えることができる	
38-2　分からないことを尋ねることができる	
UNIT39　緊急事態	188
39-1　落し物をしたことを伝えることができる	
39-2　盗まれたことを伝えることができる	
UNIT40　お祝い	192
40-1　新年のあいさつができる	
40-2　お祝いができる	

発音編

ガイダンス

これから皆さんが学ぶ中国語は中国だけでなく、多くの国や地域で使われています。この教科書では中国語を使う人が最も多い中国に重点を置き、中国で使われる標準語——"普通话 pǔtōnghuà"を勉強していきます。

01 中国ってどんな国？

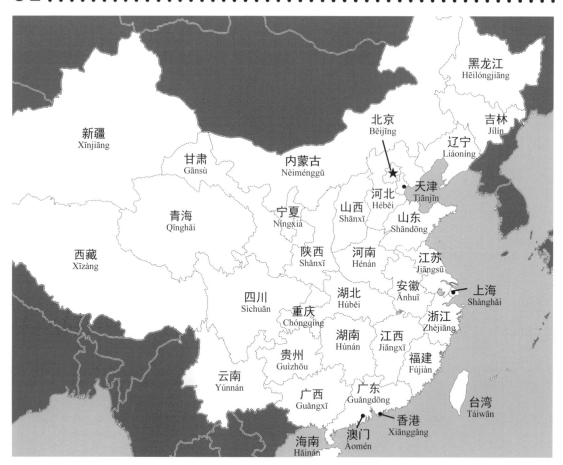

正式名称は **中华人民共和国** Zhōnghuá rénmín gònghéguó

首都は **北京** Běijīng

国旗は **五星红旗** Wǔxīng-Hóngqí

通貨は **人民币** rénmínbì

公用語は **普通话** pǔtōnghuà

漢族と 55 の少数民族からなる多民族国家
人口は **13.9 亿人** yì rén

02 中国語とは

　中国では「中国語」とは言いません。「中国語」という言葉が指し示す範囲は限りなく抽象的です。なぜかというと中国は多民族国家で、漢族・朝鮮族・モンゴル族・チベット族など56の民族から構成されており、民族によっては朝鮮語・モンゴル語・チベット語のように独自の言語を持っています。そのため単に中国語と言ってしまうと、「中国で使われている言葉」という意味になり、これらの民族が使う言語も広い意味では中国語になってしまいます。

　これらの民族の中で人口の約9割を占めるのが漢族——"汉族 Hànzú"で、彼らが使っている言葉を漢語——"汉语 Hànyǔ"と言います。この"汉语"の中には"北京话 Běijīnghuà"（北京語）、"上海话 Shànghǎihuà"（上海語）、"广东话 Guǎngdōnghuà"（広東語）などの方言があり、これらの方言はドイツ語とフランス語ほどの差があると言われています。そこで全ての地域で通じる標準語として作られたのが"普通话 pǔtōnghuà"と呼ばれる、これから皆さんが勉強する言葉です。

> ### Point　"普通话"と北京語
> この"普通话"はよく耳にする「北京語」とは違います。北京語は漢語の方言の一つで、日本で言えば、東京の下町言葉とアナウンサーが話している言葉の違いと考えれば分かりやすいかもしれません。"普通话"は北京語音を標準音とし、北方語を基礎方言とし、典型的な現代白話文の著作を文法規範として作られたものですが、建国以来の教育によって現在では広く使われるようになっています。

03 中国語が使われている地域

　これから学ぶ「中国語」の正体は分かりましたが、この「中国語」は中国大陸だけでなく、香港・台湾・シンガポール・マレーシアといった国や地域でも使われています。また世界各地にあるチャイナタウンや近年の旅行ブームで中国人が海外に行くようになったため、日本をはじめとする世界の多くの観光地で中国語が話されています。なお、中国大陸以外で使われている中国語は地域によって「普通话」、「国語」、「華語」などと呼ばれ、いわゆる中国の標準語である"普通话"とは異なるところもありますが、基本的には相互でコミュニケーションをとることができるので、"普通话"を覚えてしまえばかなり広い地域で使うことができます。

04 中国語の漢字──簡体字と繁体字

中国大陸やシンガポール、マレーシアでは漢字の一部を簡略化した"简体字 jiǎntǐzì"を使っています。一方、台湾や香港では筆画の多い"繁体字 fántǐzì"を使っています。日本の漢字はそれらの中間に位置します。

05 中国語の発音

中国人が日本語を学習するための本を見ていると、"高七扫一撒妈代西代 Gāo qī sǎo yī sā mā dài xī dài"というフレーズがありました。これは何かと言うと、「ごちそうさまでした」という日本語の発音を中国語の漢字音で記したものです。しかし、読んで分かるように、日本語の発音を正確に表してはいません。日本人学習者は中国語の音をカタカナで書きますが、これももちろん中国語の音を正確に表しているわけでなく、カタカナを使っていては辞書を引くことすらできません。そこで中国語の音を記録し、再現する装置として「ピンイン」があるわけです。

中国語の表記は日本語と同様に漢字を使います。この漢字は子音と母音の組み合わせでできています。たとえば"中国"の"中"は"zhōng"、"国"は"guó"と表記します。このローマ字を"拼音 pīnyīn"(ピンイン)と言い、ローマ字の上についている"―"のような記号を"声调符号 shēngdiào fúhào"と言います。中国語を使えるようになるためには漢字の読み方であるピンインを覚えることから始めます。

1音節は子音＋母音（介音＋主母音＋鼻音）からなります。

> **Point** ピンインの読み方は英語の読み方と違う
> ピンインはローマ字を使いますが、英語の読み方とは違います。
> can, cong, she, he, die, women

06 中国語の単語

　筆談の際に重要になるのが中国語の単語です。日本語と同形同義のものもあれば、同じ漢字なのに全く意味が違うものもあります。次の中国語はそれぞれどういう意味か想像してみましょう。

　※（　）内は日本の漢字

◆日本語と中国語で基本的に同じ単語　　　　　　　　　　　　　🔊001

1. 历史 lìshǐ（歴史）　　　　　　2. 经济 jīngjì（経済）
3. 文化 wénhuà（文化）　　　　　4. 场合 chǎnghé（場合）
5. 大学 dàxué　　　　　　　　　　6. 手续 shǒuxù（手続）
7. 日本 Rìběn　　　　　　　　　　8. 中国 Zhōngguó

◆日本語と中国語で形は同じだが、意味が異なる単語　　　　　　🔊002

1. 手纸 shǒuzhǐ　　　　　　　　　2. 老婆 lǎopo
3. 爱人 àiren（愛人）　　　　　　4. 丈夫 zhàngfu
5. 告诉 gàosu（告訴）　　　　　　6. 工作 gōngzuò
7. 便宜 piányi　　　　　　　　　　8. 汤 tāng（湯）

◆日本語では見かけない単語　　　　　　　　　　　　　　　　　🔊003

1. 高中 gāozhōng　　　　　　　　2. 手机 shǒujī（手機）
3. 飞机 fēijī（飛機）　　　　　　4. 电脑 diànnǎo（電脳）
5. 机器人 jīqìrén　　　　　　　　6. 机器猫 jīqìmāo
7. 咖啡 kāfēi　　　　　　　　　　8. 星巴克 Xīngbākè
9. 可乐 kělè（可楽）　　　　　　10. 雅虎 Yǎhǔ
11. 谷歌 Gǔgē　　　　　　　　　12. 迪士尼乐园 Díshìní lèyuán（楽園）

07 中国語を発音してみよう　　　　　　　　　　　　　　　🔊004

你好！　　　（こんにちは）
Nǐ hǎo!

谢谢！　　　（ありがとう）
Xièxie!

再见！　　　（さようなら）
Zàijiàn!

発音編① 声調・単母音・複母音

01 声調とは

中国語の発音はローマ字で表記されます。これは「ピンイン」と呼ばれています。日本の漢字にも一字一字に読み方があり、「ふりがな」を使ってその読み方を表します。中国語も同様で、漢字一字一字の読み方をピンインで表します。

たとえば皆さんが中国語と聞いて思い浮かべる"你好"はピンインで書くと、"nǐ hǎo"となります。そしてこのローマ字の上についている記号が「声調符号」と言って、音の高低を示す記号です。この記号は四つあり「四声」と言います。中国語の漢字は同じ発音のものが多いのです。その場合、四つの声調で区別されますから、声調は大変重要と言えます。

例えば……日本語の「お母さん」、「麻」、「馬」、「ののしる」はすべて中国語ではmaマーという発音です。でも、「お母さん」は第1声mā（妈）、「麻」は第2声má（麻）、「馬」は第3声mǎ（马）、「ののしる」は第4声mà（骂）となり、声調で区別しなければ、どれを指しているのか分からないのです。まず声調から練習してみましょう。

02 四声

🔊 005

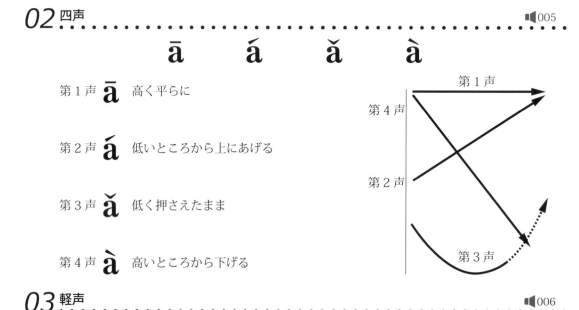

03 軽声

🔊 006

声調には上の四声のほか、軽声と呼ばれるものがあります。軽声が最初にくることはなく、第1声から第4声の後ろにつきます。軽声には声調符号をつけません。

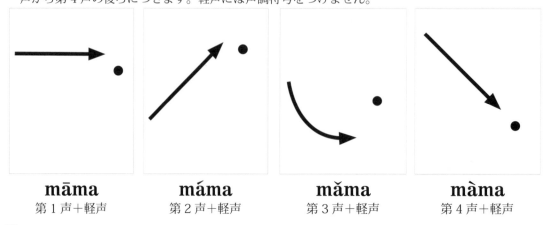

練習してみよう

1. 先生の後について発音してみよう。　　　　　　　　　　　　　　　007

  mǎ　　　　　má　　　　　mā　　　　　mà
  má　　　　　mà　　　　　mā　　　　　mǎ

2. 次の声調記号を ma で発音してみよう。　　　　　　　　　　　　008

 (1)　　ˉ　　　　ˋ　　　　ˊ　　　　ˇ
 (2)　　ˋ　　　　ˊ　　　　ˇ　　　　ˉ
 (3)　　ˊ　　　　ˇ　　　　ˉ　　　　ˋ

3. 発音を聞いて正しい声調を選んでみよう。　　　　　　　　　　　009

 (1)　① mā　　② má
 (2)　① mà　　② mǎ
 (3)　① mā　　② mà
 (4)　① má　　② mǎ

4. 先生の後について発音してみよう。　　　　　　　　　　　　　　010

  māma　　　máma　　　mǎma　　　màma
  máma　　　mǎma　　　màma　　　māma

5. 発音を聞いて正しい声調を選んでみよう。　　　　　　　　　　　011

 (1)　① māma　　② máma
 (2)　① mǎma　　② màma
 (3)　① màma　　② máma
 (4)　① máma　　② mǎma

発音編 ①

04 単母音 🔊012

a 口を大きく開けてはっきり「アー」。

o 日本語の「オ」よりも唇を丸くして発音する。

e 日本語の「エ」の唇の形で「オ」と発音する。

i 唇を左右に引いて「イー」とはっきり発音する。

u 日本語の「ウ」よりも唇を丸く突き出して発音する。

ü 上の「u」の唇の形で「イー」と発音する。

er 口を半開きにしてあいまいな「ア」を発音した後、すぐに舌先を上に向ける。

> *Point* ピンインルール1
> i、u、ü は子音がつかず、母音だけで発音する場合には、yi、wu、yu とつづります。
> i → yi   u → wu   ü → yu

練習してみよう

1. 先生の後について発音してみよう。　🔊013

(1)	ā	ó	è	yī	yí
(2)	wǔ	wǒ	yú	èr	ěr
(3)	wǔ	ó	è	yī	yì
(4)	ǒ	yǔ	yú	èr	ěr

2. まず①〜④の発音を聞き、5番目に発音した音がどれか選んでみよう。　🔊014

	①	②	③	④
(1)	ā	á	ǎ	à
(2)	ō	ó	ǒ	ò
(3)	ē	é	ě	è
(4)	yī	yí	yǐ	yì
(5)	wū	wú	wǔ	wù
(6)	yū	yú	yǔ	yù
(7)	ēr	ér	ěr	èr

3. 発音を聞いて、どちらのピンインが正しいか選んでみよう。　🔊015

	①	②
(1)	wù	yù
(2)	ē	wū
(3)	yú	yí
(4)	wǔ	ǒ

発音編 ①

05 複母音 　🔊016

2つ、あるいは3つ連なる母音を滑らかに発音します。

二重母音　ai　　　e̱i　　　ao　　　ou

　　　　　ia(ya)　ie̱(ye)　ua(wa)　uo(wo)　üe̱(yue)

三重母音　iao(yao)　iou(you)　uai(wai)　ue̱i(wei)

※複合母音で ia, ie, ua, uo, üe, iao, iou, uai, uei の前に子音がつかない場合は、（　）の中の表記になります。

※下線が引かれた複母音の e は日本語の「エ」に近い音になります。

Point　ピンインルール2

複母音でも前に子音がつかない場合は、

i → y　　u → w　　ü → yu　に書き換えます。

Point　ピンインルール3──消える o と e

子音＋iou、uei の場合には、発音とピンイン表記が変化するので注意しましょう。

・iou の前に子音がつくと o が消えて、-iu となります。

l ＋ iou ＝ liu　例：liù（"六"）
j ＋ iou ＝ jiu　例：jiǔ（"九"）

・uei の前に子音がつくと e が消えて、-ui となります。

d ＋ uei ＝ dui　例：duì（"対"…正しい）
h ＋ uei ＝ hui　例：huì（"会"…できる）

Point　ピンインルール4──声調符号のつけ方

1) 母音が1つなら母音の上に
2) 母音が複数ある時は
　① a があれば a の上につける
　② a がなければ o か e につける
　③ -iu, -ui の場合は後ろにつける

※ i の上に声調符号をつける時は点を取って　yī　yí　yǐ　yì

練習してみよう

1. 先生の後について発音してみよう。　　　　　　　　　　　　　　017

āi	ái	ǎi	ài		ēi	éi	ěi	èi
āo	áo	ǎo	ào		ōu	óu	ǒu	òu
yā	yá	yǎ	yà		yē	yé	yě	yè
wā	wá	wǎ	wà		wō	wó	wǒ	wò
yuē	yué	yuě	yuè		yāo	yáo	yǎo	yào
yōu	yóu	yǒu	yòu		wāi	wái	wǎi	wài
wēi	wéi	wěi	wèi					

2. 発音を聞いて正しい声調符号を書き入れてみよう。　　　　　　　018

ai	ao	ou	wai	ei
you	yue	ye	wai	ao
ei	ye	wo	you	yue

3. 発音を聞いて、どちらのピンインが正しいか選んでみよう。　　019

(1) ① āi　　② ēi

(2) ① áo　　② óu

(3) ① yǎ　　② yě

(4) ① yào　　② yòu

(5) ① wǎ　　② wǒ

(6) ① wài　　② wèi

4. 発音を聞いて、どちらのピンインが正しいか選んでみよう。　　020

(1) ① yǒu　　② yǔ

(2) ① yào　　② yòu

(3) ① èi　　② wèi

(4) ① wǎi　　② ǎi

(5) ① yuè　　② yè

発音編②子音

01 子音（声母）とは　　　　　　　　　　　　　　　　　🔊021

　「あ、い、う、え、お」はローマ字表記すると「a、i、u、e、o」となりますね。「か、き、く、け、こ」は「ka、ki、ku、ke、ko」ですね。この「k」の部分にあたるのが中国語では「子音」と呼ばれ、前回学んだ母音 a,o,e,i,u,ü の前に b や k などの子音がついて「音節」になります。子音は全部で21個あり、発音する部位によっていくつかのグループに分けられます。21個の子音の発音のしかたをしっかりと見ていきましょう。

	無気音	有気音	鼻音	摩擦音	有声音
両唇音 上下の唇を合わせる	b(o)	p(o)	m(o)		
唇歯音 上の歯を下唇にあてる				f(o)	
舌尖音 舌先を上の歯の裏につける	d(e)	t(e)	n(e)		l(e)
舌根音 舌全体を奥に引く	g(e)	k(e)		h(e)	
舌面音 舌面を上に接近させる	j(i)	q(i)		x(i)	
そり舌音 舌をそり上げる	zh(i)	ch(i)		sh(i)	r(i)
舌歯音 舌先を下の歯の裏につける	z(i)	c(i)		s(i)	

※子音だけでは発音できないので、普通（　）内の母音をつけて練習します。

02 発音のポイント

◆有気音と無気音

　中国語の子音の中には無気音と有気音のペアが6組あります。無気音はイキをそっと出し、有気音はイキを強く吐き出しながら発音します。音声を聞き比べてみましょう。

🔊022

無気音	有気音
爸 bà	怕 pà
大 dà	他 tā
歌 gē	渴 kě
鸡 jī	七 qī
纸 zhǐ	吃 chī
字 zì	词 cí

🔊023

bo	po	ba	pa	bu	pu
de	te	da	ta	di	ti
ge	ke	gu	ku	gao	kao
ji	qi	ju	qu	jue	que
zha	cha	zhe	che	zhao	chao
zi	ci	ze	ce	zao	cao

◆両唇音：b(o)　　　p(o)　　　m(o)　　　　　　　　　　　🔊024

上下の唇をしっかりと閉じる。

bo はこの構えで「ポー」、イキを強く出して「ポー」と発音すると po。

　［発音してみよう］ba　　bai　　pei　　pao　　biao

◆唇歯音：f(o)　　　　　　　　　　　　　　　　　　　　　🔊025

上の歯で下唇に軽く触れる。

　［発音してみよう］fa　　fou　　fu　　fei　　fo

◆舌尖音：d(e)　　　t(e)　　　n(e)　　　l(e)　　　　　　🔊026

舌先を上の歯の裏につける。

　［発音してみよう］da　　tai　　nou　　liao　　nao

◆舌根音：g(e)　　　k(e)　　　h(e)　　　　　　　　　　　🔊027

舌全体を奥に引き、上あごに近づけます。

　［発音してみよう］gai　　kou　　hao　　ga　　kai

◆舌面音：j(i)　　　q(i)　　　x(i)　　　　　　　　　　　🔊028

舌の前の部分を上歯茎の少し出っ張った部分に近づける。ji を発音する際は、左右に口をしっかりとひいて「チ」、同じ構えで強くイキを出せば qi、「シ」と発音すると xi。

　［発音してみよう］jia　　qiao　　qie　　xu　　xue

◆そり舌音：zh(i)　　　ch(i)　　　sh(i)　　　r(i)　　　🔊029

舌先を歯茎より少し奥の盛り上がったところに当てる。この構えで「チ」で zhi、イキを強く出すと chi、少し舌先の隙間をあけて「シ」で shi、同じ構えで「リ」で ri。

　［発音してみよう］zha　　chai　　zhao　　shei　　ruo

◆舌歯音：z(i)　　　c(i)　　　s(i)　　　　　　　　　　　🔊030

舌先全体を下の歯と歯茎に押しつける。その状態で i の口の形を作り「ツ」と発音すると zi、同じ構えで「ツ」とイキを強く出して発音すると ci、同じ構えで「ス」と発音すると si。

　［発音してみよう］za　　zou　　ca　　se　　sai

◆f と h の違い

f：下唇に軽く上の歯をあてる。

h：両唇は触れず、喉の奥から。日本語の「は、ひ、へ、ほ」の音に近い。

◆間違いやすい zi ci si

i の音に注意が必要です。口の形は「イ」です。

◆3 つの i　　　　　　　　　　　　　　　　　　　　　　🔊031

i は子音の組み合せにより 3 つの異なった音になります。聞き比べてみましょう。

　（クリアな i）　　　ji　　qi　　xi

　（こもった i）　　　zhi　　chi　　shi

　（「ウー」に近い i）　zi　　ci　　si

Point　ピンインルール 5 ── ü を u とつづる時がある

j, q, x の後ろに ü が続く場合は u とつづります。

jü → ju　　qüe → que　　xüe → xue

※l と n は母音 u と母音 ü の両方と結びつくため、lu, nu と lü, nü とつづります。

練習してみよう

1. 発音を聞いて、正しいピンインを選んでみよう。　　　🔊 032

  (1) ① bo ② po (2) ① pou ② po

  (3) ① de ② te (4) ① tu ② te

  (5) ① gou ② kou (6) ① die ② tie

  (7) ① fu ② hu (8) ① kai ② gai

  (9) ① ma ② ne (10) ① hou ② fou

2. 発音を聞いて（　　）に子音を書き入れ、さらに声調符号をつけてみよう。　　　🔊 033

  (1) (　　)ao (2) (　　)ai

  (3) (　　)u (4) (　　)i

  (5) (　　)iao (6) (　　)e

  (7) (　　)uo (8) (　　)ui

  (9) (　　)o (10) (　　)ou

3. 発音を聞いてピンインを書き取ってみよう。　　　🔊 034

  (1) [　　　　　] (2) [　　　　　]

  (3) [　　　　　] (4) [　　　　　]

  (5) [　　　　　] (6) [　　　　　]

  (7) [　　　　　] (8) [　　　　　]

  (9) [　　　　　] (10) [　　　　　]

4. 発音を聞いて、正しいピンインを選んでみよう。　　　　　　　　　　　　🔊035

(1)　①ji　　②qi　　　　　(2)　①qi　　②chi
(3)　①se　　②su　　　　　(4)　①xu　　②shu
(5)　①ri　　②li　　　　　(6)　①xi　　②shi
(7)　①she　②se　　　　　(8)　①zhi　②chi
(9)　①ze　　②zi　　　　　(10) ①zao　②cao

5. 発音を聞いて（　　）に子音を書き入れ、さらに声調符号をつけてみよう。　🔊036

(1)　（　）i　　　　　　　(2)　（　）ue
(3)　（　）ie　　　　　　 (4)　（　）i
(5)　（　）ei　　　　　　 (6)　（　）e
(7)　（　）ia　　　　　　 (8)　（　）iao
(9)　（　）u　　　　　　　(10) （　）a

6. 発音を聞いてピンインを書き取ってみよう。　　　　　　　　　　　　　🔊037

(1)　[　　　　]　　　　　 (2)　[　　　　]
(3)　[　　　　]　　　　　 (4)　[　　　　]
(5)　[　　　　]　　　　　 (6)　[　　　　]
(7)　[　　　　]　　　　　 (8)　[　　　　]
(9)　[　　　　]　　　　　 (10) [　　　　]

7. 1～10の発音を聞いて、声調符号をつけてみよう。　　　　　　　　　🔊038

一 yi　　二 er　　三 san　　四 si　　五 wu

六 liu　　七 qi　　八 ba　　九 jiu　　十 shi

発音編③ 鼻母音

01 鼻母音

中国語の母音にはnやngで終わるものがあり、これらを鼻母音と言います。私たちは意識していませんが、日本語で「ん」と表す音には、実は下記のような違いがあります。

- 案　　内：あんない（-n）
- 案　　外：あんがい（-ng）
- あんパン：あんぱん（m、両唇が触れる）
- 三　　円：さんえん（鼻にかかる音）

02 nとngの違い

◆ -nは舌先を上の歯の裏につけて、口からイキが出ないようにして、鼻のほうに抜いて「ン」。

🔊039

an	e̲n	ian (yan)	in (yin)
uan (wan)	ue̲n (we̲n)	ün (yun)	üan (yuan)

※下線が引かれたeは日本語の「エ」に近い音になります。

◆ -ngは舌のつけ根を上につけて口へのイキの流れを止めて「ん」。

🔊040

ang	eng	iang (yang)	ing (ying)	- ong
uang (wang)	ueng (weng)			iong (yong)

※（　）内は前に子音がつかない時の表記です。

Point nかngか

nかngか迷った時は、一部例外はありますが、漢字を音読みして……

「ン」で終われば → n

　安全 ānquán　　担任 dānrèn　　新闻 xīnwén

「イ」または「ウ」で終われば → ng

　情况 qíngkuàng　　英雄 yīngxióng　　正常 zhèngcháng

［発音してみよう］鼻母音　　　　　　　　　　　　　　　　　　　　　🔊041

| an | — | ang | en | — | eng |
| in | — | ing | ian | — | iang |

［発音してみよう］子音＋鼻母音　　　　　　　　　　　　　　　　　　🔊042

ban	—	bang	pan	—	pang
gan	—	gang	zhan	—	zhang
can	—	cang	nin	—	ning

［発音してみよう］"e" と "a"　　　　　　　　　　　　　　　　　　　🔊043

"e" は単母音と鼻母音の "eng" の時はあいまいな音になりますが、二重母音の "e" と鼻母音の "en" の時は「エ」に近い音になります。"a" は "-ian" の時だけ「エ」に近い音になります。

bei   pei   lei   ben   pen   zhen   chen   wen

yan   bian   pian   mian   dian   tian   nian   lian   jian   qian   xian

［発音してみよう］-eng と -ong の違い　　　　　　　　　　　　　　🔊044

"eng" は口を横に引いて「オン」、"ong" は口を突き出して「オン」と発音します。

beng	**peng**	**meng**	**feng**
deng-dong	teng-tong	neng-nong	leng-long
geng-gong	keng-kong	heng-hong	
zheng-zhong	cheng-chong	sheng	reng-rong
zeng-zong	ceng-cong	seng-song	

［発音してみよう］単語の中にある -n, -ng に注意しながら読んでみましょう。🔊045

日本	中国	韩国	英国
Rìběn	**Zhōngguó**	**Hánguó**	**Yīngguó**
青椒肉丝	冰淇淋	小笼包	矿泉水
qīngjiāo ròusī	**bīngqílín**	**xiǎolóngbāo**	**kuàngquánshuǐ**

Point ピンインルール 6 ──またしても消える e

uen の前に子音がつくと e が消えて、-un となります。

例）k ＋ uen → kun　　　c ＋ uen → cun

練習してみよう

1. 発音を聞いて、正しいピンインを選んでみよう。　　　　　　　　　　🔊046

(1) ①bang　②ban　　　　(2) ①jian　②jiang

(3) ①deng　②dong　　　(4) ①zheng　②zhang

(5) ①yan　②yang　　　　(6) ①jiong　②zhong

(7) ①xun　②shun　　　　(8) ①jing　②jun

(9) ①jiang　②zhang　　(10) ①chun　②zhun

2. 発音を聞いて（　）に鼻母音を書き入れ、さらに声調符号をつけてみよう。　🔊047

(1) qia(　)　　　　(2) jia(　)

(3) ji(　)　　　　(4) gu(　)

(5) fe(　)　　　　(6) he(　)

(7) gua(　)　　　(6) qi(　)

(9) zha(　)　　　(10) ba(　)

3. 発音を聞いてピンインを書き取ってみよう。　　　　　　　　　　🔊048

(1) [　　　　]　　　(2) [　　　　]

(3) [　　　　]　　　(4) [　　　　]

(5) [　　　　]　　　(6) [　　　　]

(7) [　　　　]　　　(8) [　　　　]

(9) [　　　　]　　　(10) [　　　　]

4. 中国人の名字を聞いて、ピンインで書き取ってみよう。 🔊049
（※固有名詞をピンインで書く場合、1文字目は大文字になります。）

(1) 李 _____ (2) 王 _____

(3) 张 _____ (4) 刘 _____

(5) 陈 _____ (6) 杨 _____

(7) 赵 _____ (8) 黄 _____

(9) 周 _____ (10) 吴 _____

5. 日本人の名字を聞いて、ピンインで書き取ってみよう。 🔊050

(1) 佐藤 _____ (2) 铃木 _____

(3) 高桥 _____ (4) 田中 _____

(5) 渡边 _____ (6) 伊藤 _____

(7) 山本 _____ (8) 中村 _____

(9) 小林 _____ (10) 加藤 _____

発音編④ 儿化、組み合わせ、声調変化

01 儿化　　　🔊051

音節の末尾に"儿"がつくと、直前の母音を発音した後に、舌をそり上げます。ピンインは"er"ではなく"r"だけをつけます。

①最終母音 +r　　　　　　　　　　　　　花儿 huār（花）　　猫儿 māor（猫）
②音節の末尾が -n【→n が落ちて r】　　一点儿 yìdiǎnr（少し）　玩儿 wánr（遊ぶ）
③音節の末尾が -ng【→前の母音を鼻音化】空儿 kòngr（ひま）　电影儿 diànyǐngr（映画）
④複母音で末尾が -i【→i が落ちて r】　　小孩儿 xiǎoháir（子供）
⑤末尾が単母音 i【→i を er にして発音】事儿 shìr（こと）词儿 cír（語句）

02 声調の組み合わせ

中国語の単語の多くは 2 音節です。音の組み合わせパターンをしっかり覚えましょう。　🔊052

	-1	-2	-3	-4	-0
1-	māmā	māmá	māmǎ	māmà	māma
2-	mámā	mámá	mámǎ	mámà	máma
3-	mǎmā	mǎmá	mǎmǎ	mǎmà	mǎma
4-	màmā	màmá	màmǎ	màmà	màma

実際の単語で発音してみましょう。　🔊053

	-1	-2	-3	-4	-0
1-	咖啡 kāfēi（コーヒー）	中国 Zhōngguó（中国）	机场 jīchǎng（空港）	车站 chēzhàn（駅）	衣服 yīfu（服）
2-	熊猫 xióngmāo（パンダ）	足球 zúqiú（サッカー）	牛奶 niúnǎi（牛乳）	学校 xuéxiào（学校）	学生 xuésheng（学生）
3-	老师 lǎoshī（先生）	旅游 lǚyóu（旅行する）	手表 shǒubiǎo（腕時計）	感冒 gǎnmào（風邪）	早上 zǎoshang（朝）
4-	汽车 qìchē（車）	外国 wàiguó（外国）	日本 Rìběn（日本）	电话 diànhuà（電話）	月亮 yuèliang（月）

03 声調変化のルール

①第3声の声調変化

第3声＋第3声　→　第2声＋第3声

第3声と第3声が続く場合、前の第3声が第2声に変化します。

你好 nǐ hǎo（こんにちは）は **ní hǎo** と発音します。

※声調符号は第3声のまま表記します。

②不 bù の声調変化

否定を表す "不" bù は、本来は第4声ですが、後ろに第4声が続く場合には、第2声に変化します。
※この教科書では第2声に書き換えてあります。

不谢 bù xiè（どういたしまして）は **bú xiè** と発音します。

③一 yī の声調変化

"一" yī は本来は第1声ですが、後ろに第1声、第2声、第3声がくると第4声になり、第4声がくると第2声に変化します。
※この教科書では変化後の声調に書き換えてあります。

"一"＋第1声
　一千 (1000) **yìqiān**

"一"＋第2声
　一年 (1年) **yì nián**

"一"＋第3声
　一百 (100) **yìbǎi**

"一"＋第4声
　一万 (10000) **yí wàn**

ただし、"一" yī が順番をあらわす場合には、本来の第1声のままになります。
例：

一月一号 (1月1日) **yīyuè yī hào**

第一名 (第1位) **dì yī míng**

一百一十一 (111) **yìbǎi yīshiyī**

04 ピンインの復習

最後にこれまで学習したピンインの読み方で注意が必要なものを再度確認してみましょう。

◆ ü の発音 ……「ユ」ではなく、唇を丸く突き出してフルートを吹くような唇の形で「イ」。
　　　［発音してみよう］ yú　　jú　　qù　　xū　　　　　　　　　　　🔊054

◆ ian（yan）は「イエン」、iang（yang）は「イアン」。
　　　［発音してみよう］ yán　　jiàn　　qián　　xiān　　lián　　miàn　　tiān　　🔊055
　　　　　　　　　　　　yáng　　jiàng　　qiáng　　xiāng　　liáng

◆ eng は「エン」ではなく、口を横に開いて「オん」。en は「エン」。
　　　［発音してみよう］ mèng　　mén　　pèng　　pèn　　děng　　　　🔊056

◆ zi, ci, si の i は「ヅー」「ツー」「スー」のように口を横に引いて「ウ」。
　　　［発音してみよう］ zì　　cì　　sì　　　　　　　　　　　　　🔊057

◆ c は「ツ」の音でスタートする。
　　　［発音してみよう］ cā　　cài　　cǎo　　cān　　　　　　　　　🔊058

◆ q は「チ」の音でスタートする。
　　　［発音してみよう］ qù　　què　　qiān　　quán　　qǐng　　　　🔊059

◆ u は j, q, x と組み合わさった場合は ü の発音になるが、ピンイン表記は u のまま。その他の子音では「ウ」と発音する。
　　　［発音してみよう］ jù　　qù　　xū　　gù　　kù　　mù　　　　🔊060

◆ e の発音いろいろ
母音 e は非常にあいまいな音で、組み合わさる子音や母音により音色が変わります。
　①母音 e だけの場合と単独で子音と組み合わさる場合、日本語の「エ」の唇の形で「オ」と発音する。
　　　è（饿 … お腹が空く）　　　gē（歌 … 歌）　　　　　　　　　　🔊061
　　　hē（喝 … 飲む）　　　　　rè（热 … 暑い）
　②他の単母音と組み合わさって複母音になる場合、日本語の「エ」に近い音になる。　🔊062
　　　xué（学 … 勉強する）　　　xiě（写 … 書く）　　　gěi（给 … あげる）
　③eng の場合にはあいまいな音になり、e と同じく口は「エ」の形で「オん」と発音する。
　　　fēng（风 … 風）　　　　　děng（等 … 待つ）　　　mèng（梦 … 夢）　🔊063
　④軽声で発音される語では、e はさらにあいまいな音になる。
　　　le（了 … 完了をあらわす）　de（的 … 〜の）　　　　　　　　　🔊064

練習してみよう

1. 2音節の単語の発音を聞き、ピンインを書いてみよう。　🔊065

   (1) 东京

   (2) 美国

   (3) 北京

   (4) 中国

   (5) 四川

   (6) 印度

   (7) 大阪

   (8) 香港

   (9) 福建

   (10) 日本

2. 3音節の単語の発音を聞き、ピンインを書いてみよう。　🔊066

   (1) 汉堡包

   (2) 小笼包

   (3) 冰棋淋

   (4) 出租车

   (5) 乒乓球

   (6) 图书馆

   (7) 自行车

   (8) 太极拳

   (9) 大学生

   (10) 有意思

3. フレーズの発音を聞き、ピンインを書いてみよう。　🔊067

   (1) 学汉语

   (2) 学日语

   (3) 去大学

   (4) 去学校

   (5) 吃饺子

   (6) 吃炒饭

ピンインルールまとめ

01 ピンインのつづり方

1) 単母音 **i, u, ü** の前に子音がつかない場合は **yi, wu, yu**。

2) 単母音以外で **i, u, ü** で始まる音節は次のようにつづる。

    i → y   例）ia → ya   ie → ye
    yi   例）in → yin   ing → ying
    u → w   例）ua → wa   uai → wai
    ü → yu   例）üe → yue   üan → yuan

3) **iou, uei, uen** の前に子音がつくと真ん中の **o, e** が消える。

    iou   q+iou → qiu
    uei   h+uei → hui
    uen   c+uen → cun

4) 隔音マーク［'］
    次の音節が **a, o, e** で始まる場合、前の音節との区切りをはっきりと示すため［'］をつける。
    天安門 Tiān'ānmén   西安 Xī'ān

5) 固有名詞と文頭は大文字にする。
    日本 Rìběn 中国 Zhōngguó 李大力 Lǐ Dàlì 山田太郎 Shāntián Tàiláng
    我是日本人。Wǒ shì Rìběnrén.

6) ピンイン表記の場合は単語ごとに分けてつづる。
    我是日本人。Wǒ shì Rìběnrén.

7) //（ダブルスラッシュ）
    辞書では一部の動詞のピンインに //（ダブルスラッシュ）記号がついている。これは離合動詞であることをあらわしている。
    毕业 bì//yè   帮忙 bāng//máng   结婚 jié//hūn

02 声調符号ルール

1) 母音が1つなら母音の上に
2) 母音が複数ある時
    ① **a** があれば **a** の上につける
    ② **a** がなければ **o** か **e** につける（※ **o** と **e** が同時に組み合わされることはない）
    ③ -iu, -ui の場合は後ろにつける
  ※ **i** の上に声調符号をつける時は上の点を取って yī yí yǐ yì

03 違う音になるピンイン

1) 3つの i　　　　　　　　　　　　　　　　　　　　　　　　🔊 068

[ɿ]（こもった i）	zhi	chi	shi	ri
[ɿ]（「ウ」に近い i）	zi	ci	si	
[i]（クリアな i）	ji	qi	xi	

2) 2つの u

u	wu	gu	hu
ü	yu	ju	qu

3) a と e

「エ」に近い a	yan	qian	xian
「ア」と発音する a	yang	qiang	
「エ」と発音する e	jue	xue	

04 声調変化

1) 第3声の連続　　　　　　　　　　　　　　　　　　　　　　🔊 069

第3声が連続する時は前の第3声を第2声で読む。

第3声＋第3声　→　第2声→第3声　※声調符号は変更しない。

你好 nǐ hǎo　　　　我跑 wǒ pǎo

我想买五把雨伞。Wǒ xiǎng mǎi wǔ bǎ yǔsǎn.

2) "不"の変調

"不" bù は後ろに第4声がきた場合だけ第2声に読む。　※この教科書では変更。

不喝 bù hē　　　　不来 bù lái

不买 bù mǎi　　　　不怕 bù pà → bú pà

3) "一"の変調

後ろにくる漢字の声調によって第4声か第2声に変わる。　※この教科書では変更。

一般　yī＋第1声　→ yìbān　　　　一年　yī＋第2声　→ yì nián

一起　yī＋第3声　→ yìqǐ　　　　一共　yī＋第4声　→ yígòng

例外：序数・年月日などは第1声のまま

一月一号 yīyuè yī hào　　　　第一课 dì yī kè

発音総合練習

1. 表記されているピンインと一致する音声の番号に○をつけよう。 🔊070

  (1) **shǒuxù**   ①   ②   ③   ④
  (2) **xīnkǔ**   ①   ②   ③   ④
  (3) **zuǒyòu**   ①   ②   ③   ④
  (4) **jīngyàn**   ①   ②   ③   ④
  (5) **zhǎngdà**   ①   ②   ③   ④

2. これから読む発音と一致するものを、①〜④の中から１つ選ぼう。 🔊071

  (1)   ① **jū**   ② **qū**   ③ **qī**   ④ **jī**
  (2)   ① **zhǔn**   ② **chǔn**   ③ **jǔn**   ④ **xǔn**
  (3)   ① **kān**   ② **cōng**   ③ **cāng**   ④ **cān**
  (4)   ① **lù**   ② **lǜ**   ③ **rè**   ④ **rù**
  (5)   ① **bāi**   ② **pāi**   ③ **pēi**   ④ **hāi**

3. ４つの単語のうち、声調の組合わせが違うものに○をつけよう。 🔊072

  (1) ①   ②   ③   ④
  (2) ①   ②   ③   ④
  (3) ①   ②   ③   ④
  (4) ①   ②   ③   ④
  (5) ①   ②   ③   ④

4. 発音したピンインに○をつけよう。 🔊073

  (1) **chōng**   **chūn**   (2) **xiě**   **xuě**
  (3) **fēi**   **hēi**   (4) **réng**   **léng**
  (5) **shuō**   **shōu**   (6) **jù**   **zhù**   **zù**
  (7) **lè**   **lǘ**   (8) **sè**   **shì**   **sì**
  (9) **qī**   **qù**   **cù**   (10) **chù**   **rè**   **nè**
  (11) **shū**   **sū**   **xū**   (12) **zhǎ**   **ză**   **zě**

5. 先生が発音したピンインを書き取ろう。

  (1) _____
  (2) _____
  (3) _____
  (4) _____
  (5) _____

6. あいさつ表現を2回ずつ発音するので、ピンインで書き取ろう。　　　🔊074

(1) 你好。

(2) 你早。

(3) 晚上好。

(4) 谢谢。

(5) 不谢。

(6) 不客气。

(7) 对不起。

(8) 没关系。

(9) 再见。

(10) 生日快乐。

7. 教室で使う表現を2回ずつ発音するので、ピンインで書き取ろう。　　　🔊075

(1) 同学们好！

(2) 老师好！

(3) 现在点名。

(4) 高桥同学。

(5) 到。

(6) 请打开第三十四页。

(7) 请再说一遍。

(8) 同学们，再见。

(9) 老师，再见。

中国人・女性
张婷婷

会話編

中国人・男性
李明

日本人・女性
高橋美雪

日本人・男性
山田翔太

中国人・男性
王力

UNIT 01　名前と挨拶

01-1 名前を言える

聞いてみよう

李明くんと高橋さんは初対面、互いに名前を名乗ります。

🔊 076　　🔊 077

A: 你好。
　　Nǐ hǎo.

B: 你好。
　　Nǐ hǎo.

A: 我姓李，叫李明。你呢？
　　Wǒ xìng Lǐ, jiào Lǐ Míng. Nǐ ne?

B: 我叫高桥美雪。
　　Wǒ jiào Gāoqiáo Měixuě.

単語Check
- 姓 xìng（姓を～と言う）
- 李明 Lǐ Míng（[固名] 李明）
- 叫 jiào（呼ぶ、名前を～と言う）
- 呢 ne（～は？）
- 高桥美雪 Gāoqiáo Měixuě（[固名] 高橋美雪）

置き換えてみよう　自分の名前を中国語で書きこんで上の会話を練習してみよう

簡体字 _____

ピンイン _____

Point　人称代名詞

　英語の人称代名詞は I　my　me　mine と文中での位置によって言い方が変わりますが、中国語の人称代名詞にはこのような変化はありません。どの位置に来ても「わたし」は "我" です。

	第一人称	第二人称	第三人称
単数	我 wǒ わたし	你 nǐ あなた 您 nín あなた（敬称）	他 tā 彼 她 tā 彼女
複数	我们 wǒmen わたしたち 咱们 zánmen わたしたち	你们 nǐmen あなたたち	他们 tāmen 彼ら 她们 tāmen 彼女ら

01-2 初対面の挨拶ができる

 聞いてみよう

名乗った後に「知り合えてうれしい」と相手に伝えます。

🔊 078　　🔊 079

A: 我 叫 李 明。你 呢？
　　Wǒ jiào Lǐ Míng. Nǐ ne?

B: 我 姓 高桥，叫 高桥 美雪。
　　Wǒ xìng Gāoqiáo, jiào Gāoqiáo Měixuě.

単語 Check
- □ 很 hěn（とても）
- □ 高兴 gāoxìng（うれしい）
- □ 认识 rènshi（見知る、知っている）
- □ 也 yě（～も）
- □ 是 shì（～である）

UNIT 01

A: 很 高兴 认识 你！
　　Hěn gāoxìng rènshi nǐ!

B: 我 也 是。
　　Wǒ yě shì.

置き換えてみよう　名前を置き換えて練習してみよう

张 丽丽	杨 帅	王 大力	陈 晓芳
Zhāng Lìlì	Yáng Shuài	Wáng Dàlì	Chén Xiǎofāng
铃木 大介	吉野 萌	佐藤 爱	山田 华子
Língmù Dàjiè	Jíyě Méng	Zuǒténg Ài	Shāntián Huázǐ

名前の名乗り方、尋ね方

中国語では"姓 xìng"で名字を、"叫 jiào"でフルネームを名乗ります。名字は"您贵姓？ Nín guìxìng?"、"您姓什么？ Nín xìng shénme?"と尋ねます。答える時は"我姓 Wǒ xìng ××, 叫 jiào ××○○"と名字と名前が分かるように言いましょう。

"你呢？"は省略疑問文と言って、相手に「あなたは？」と尋ねる言い方です。少し砕けた表現になるのでフォーマルな場では"您贵姓？ Nín guìxìng?"、"你叫什么名字？ Nǐ jiào shénme míngzi?"のように尋ねるほうが良いでしょう。

言ってみよう

01-1

A: はじめまして。
B: はじめまして。

A: 僕は李、李明といいます。あなたは？
B: 高橋美雪です。

01-2

A: 僕は李明といいます。あなたは？
B: 私は高橋、高橋美雪です。

A: 知り合えてうれしいです。
B: 私もです。

練習してみよう

▶下の A〜C のイラストの人物の名前を隣の人に伝えてみよう

A
・张 丽丽
Zhāng Lìlì

B
・王 大力
Wáng Dàlì

C
・陈 晓芳
Chén Xiǎofāng

UNIT 01

▶クラスメイトに名前を聞いてピンインを書き取ってみよう

単語＆表現 　挨拶

はじめまして・こんにちは。
　你好。Nǐ hǎo.
はじめまして・こんにちは（丁寧な言い方）。
　您好。Nín hǎo.
みなさん、こんにちは。
　你们好。Nǐmen hǎo.
どうぞよろしくお願いします。
　请多关照。Qǐng duō guānzhào.
おはよう。
　你早。Nǐ zǎo.

おはよう。
　早上好。Zǎoshang hǎo.
こんばんは。
　晚上好。Wǎnshang hǎo.
先生、こんにちは。
　老师好。Lǎoshī hǎo.
あけましておめでとう。
　新年好。Xīnnián hǎo.
さようなら。
　再见。Zàijiàn.

UNIT 02　学年と出身

02-1 学年を言える

聞いてみよう

山田くんは王力くんに色々と質問をしています。

🔊 080

A: 你 是 大学生 吗?
　　Nǐ shì dàxuéshēng ma?

B: 不 是, 我 是 高中生。
　　Bú shì, wǒ shì gāozhōngshēng.

A: 你 今年 几 年级?
　　Nǐ jīnnián jǐ niánjí?

B: 我 今年 高中 一 年级。
　　Wǒ jīnnián gāozhōng yī niánjí.

🔊 081

単語 Check

- □ 大学生 dàxuéshēng（大学生）
- □ 吗 ma（〜か）
- □ 不 bù（いいえ、〜ではない）
- □ 高中生 gāozhōngshēng（高校生）
- □ 今年 jīnnián（今年）
- □ 几 jǐ（いくつ、いくら）
- □ 年级 niánjí（〜年生、〜年次）
- □ 高中 gāozhōng（高校）
- □ 一年级 yī niánjí（一年生）

置き換えてみよう　下線部を置き換えて練習してみよう

大学	高中	一年级	二年级
dàxué	gāozhōng	yī niánjí	èr niánjí

大一	大二	高一	高二	高三
dà yī	dà èr	gāo yī	gāo èr	gāo sān

Point　動詞 "是"

動詞 "是 shì" は "A 是 B"（A は B である）というように、"是" の左右にあるものがイコールで結ばれる文を作ります。

① 肯定文 "A 是 B"　　我是日本人。Wǒ shì Rìběnrén.（私は日本人です。）
② 否定文 "A 不是 B。"　我不是日本人。Wǒ bú shì Rìběnrén.（私は日本人ではありません。）
③ 疑問文 "A 是 B 吗?"　你是日本人吗? Nǐ shì Rìběnrén ma?（あなたは日本人ですか。）

述語に "我今年高中一年级" のように数字を含む肯定文では通常 "是" が省略されます。

02-2 出身地を言える

 聞いてみよう

王力くんも負けじと質問を繰り出します。

📢 082　　📢 083

A: 你 是 哪国人？
　　Nǐ shì nǎguórén?

B: 我 是 日本人。
　　Wǒ shì Rìběnrén.

単語 Check
- 哪国人 nǎguórén
  （どこの国の人）
- 日本人 Rìběnrén
  （日本人）
- 哪里人 nǎlirén
  （どこの出身）
- 大阪人 Dàbǎnrén
  （大阪出身）

A: 你 是 哪里人？
　　Nǐ shì nǎlirén?

B: 我 是 大阪人。
　　Wǒ shì Dàbǎnrén.

 置き換えてみよう　　下線部を置き換えて練習してみよう

| 东京人 Dōngjīngrén | 千叶人 Qiānyèrén | 埼玉人 Qíyùrén | 神奈川人 Shénnàichuānrén |
| 爱知人 Àizhīrén | 大阪人 Dàbǎnrén | 福冈人 Fúgāngrén | |

学校や学年の言い方

　中国の学校制度で日本の高校にあたるのは " 高中 gāozhōng " と言います。中国では日本の中学と高校をまとめて " 中学 zhōngxué " という場合が多く、日本の「中学校」にあたるのは " 初中 chūzhōng "、「小学校」は " 小学 xiǎoxué "、「大学」は " 大学 dàxué " と言います。

　02-1 の会話で学年を聞く時に、" 今年几年级 jīnnián jǐ niánjí?"「今年、何年生？」と聞いています。日本では「今、何年生？」と聞くことが多いかもしれませんが、中国では習慣的に「今年、何年生？」と聞きます。「一年生」は " 一年级 yī niánjí "、「二年生」は " 二年级 èr niánjí "、「三年生」は " 三年级 sān niánjí " です。学生同士の会話では " 高一 gāo yī " " 高二 gāo èr " のように省略して言うこともあります。

💬 言ってみよう

02-1

A: 君は大学生？
B: 違う。高校生。

A: 今年、何年生？
B: 今年、高校1年生。

02-2

A: 君はどこの国の人？
B: 僕は日本人。

A: どこの出身？
B: 大阪出身。

練習してみよう

▶ 下のA～Cのイラストの人物を隣の人に紹介してみよう

A

 韩国人 Hánguórén
・金 善美
　Jīn Shànměi
高校/2年生/韓国人

B

🇺🇸 美国人 Měiguórén
・麦克
　Màikè
大学/2年生/アメリカ人

C

 日本人 Rìběnrén
・佐藤 大介
　Zuǒténg Dàjiè
高校/3年生/日本人

▶ 自分の名前、学年、出身地をクラスメイトに言ってみよう

単語&表現　日本の都道府県

北海道 Běihǎidào	石川 Shíchuān	冈山 Gāngshān
青森 Qīngsēn	福井 Fújǐng	广岛 Guǎngdǎo
岩手 Yánshǒu	山梨 Shānlí	山口 Shānkǒu
宫城 Gōngchéng	长野 Chángyě	德岛 Dédǎo
秋田 Qiūtián	岐阜 Qífù	香川 Xiāngchuān
山形 Shānxíng	静冈 Jìnggāng	爱媛 Àiyuán
福岛 Fúdǎo	爱知 Àizhī	高知 Gāozhī
茨城 Cíchéng	三重 Sānchóng	福冈 Fúgāng
栃木 Lìmù	滋贺 Zīhè	佐贺 Zuǒhè
群马 Qúnmǎ	京都 Jīngdū	长崎 Chángqí
埼玉 Qíyù	大阪 Dàbǎn	大分 Dàfēn
千叶 Qiānyè	兵库 Bīngkù	宫崎 Gōngqí
东京 Dōngjīng	奈良 Nàiliáng	熊本 Xióngběn
神奈川 Shénnàichuān	和歌山 Hégēshān	鹿儿岛 Lù'érdǎo
新潟 Xīnxì	鸟取 Niǎoqǔ	冲绳 Chōngshéng
富山 Fùshān	岛根 Dǎogēn	

UNIT 03 家族構成と年齢

03-1 家族構成を言える

 聞いてみよう

李明くんは高橋さんに家族について尋ねています。

📢 084

A: 你 家 有 几 口 人?
　　Nǐ jiā yǒu jǐ kǒu rén?

B: <u>五 口 人</u>。
　　Wǔ kǒu rén.

A: 都 有 什么 人?
　　Dōu yǒu shénme rén?

B: <u>爸爸、妈妈、两 个 姐姐 和 我</u>。
　　Bàba、māma、liǎng ge jiějie hé wǒ.

📢 085

単語Check
- □ 家 jiā（家）
- □ 有 yǒu（いる）
- □ 口 kǒu（[家族の人数を数える]～人）
- □ 人 rén（人）
- □ 都 dōu（すべて、みんな）
- □ 什么 shénme（何）
- □ 爸爸 bàba（お父さん）
- □ 妈妈 māma（お母さん）
- □ 两 liǎng（2つ）
- □ 个 ge（[広く物や人を数える]～個、～人）
- □ 姐姐 jiějie（姉、お姉さん）
- □ 和 hé（～と）

 置き換えてみよう　下線部を置き換えて練習してみよう

| 爷爷 yéye | 奶奶 nǎinai | 老爷 lǎoye | 姥姥 lǎolao | 哥哥 gēge | 姐姐 jiějie |
| 弟弟 dìdi | 妹妹 mèimei | 两口人 liǎng kǒu rén | 三口人 sān kǒu rén | 四口人 sì kǒu rén | |

Point 所有の"有"

"有"は「持っている」という「所有」を意味する動詞です。「主語＋"有"＋人、モノ」の語順で使い、人が目的語に来る場合は「いる」という意味で使われます。

①肯定文 "A 有 B"　　他有一个哥哥。Tā yǒu yí ge gēge.（彼はお兄さんが一人います。）
②否定文 "A 没有 B。"　他没有哥哥。Tā méiyǒu gēge.（彼はお兄さんがいません。）
③疑問文 "A 有 B 吗？"　他有哥哥吗？Tā yǒu gēge ma?（彼はお兄さんがいますか。）

03-2 年齢を言える

  聞いてみよう

山田くんは李明くんに兄弟について尋ねます。

◀086　　　　　◀087

A: 你 有 兄弟 姐妹 吗?
　 Nǐ yǒu xiōngdì jiěmèi ma?

B: 我 有 一个 哥哥、一个 妹妹。
　 Wǒ yǒu yí ge gēge, yí ge mèimei.

単語Check
- 兄弟姐妹 xiōngdì jiěmèi（兄弟）
- 哥哥 gēge（兄、お兄さん）
- 妹妹 mèimei（妹）
- 多大 duō dà（どれぐらい）
- 岁 suì（〜歳）
- 了 le（〜になった）

A: 你 哥哥 今年 多 大 了?
　 Nǐ gēge jīnnián duō dà le?

B: 他 二十 岁 了。
　 Tā èrshí suì le.

 置き換えてみよう　下線部を置き換えて練習してみよう

两	三	四	五	六	七	八	九	十
liǎng	sān	sì	wǔ	liù	qī	bā	jiǔ	shí

十一	二十	二十三	三十
shíyī	èrshí	èrshisān	sānshí

年齢を尋ねるバリエーション

年齢は尋ねる相手によって聞き方が違います。

10歳以下が予想される子どもに対して：　你几岁了？Nǐ jǐ suì le?
若者や同年代の人に対して：　你多大？Nǐ duō dà?
年長者に対して：　您多大岁数了？Nín duō dà suìshu le?
年長者でも60歳以上の人に対して：　您多大年纪了？Nín duō dà niánjì le?

答えるときは、"我十八岁。"（わたしは18歳です。）、"我十八岁了。"（わたしは18歳になりました。）のように言います。口語では11歳以上は"岁"を省略して"我十八。"のように言うこともできます。否定は"不是"を用いて"我不是十九岁。"（わたしは19歳ではありません。）となります。

💬 言ってみよう

03-1

A: 君は何人家族？
B: 5人。

A: 家族構成は？
B: お父さん、お母さん、お姉さんが2人と私。

03-2

A: きょうだいはいるの？
B: 兄が1人、妹が1人いるよ。

A: お兄さんは今年何歳なったの？
B: 20歳。

練習してみよう

▶下の家族を「私」の立場で隣の人に伝えてみよう

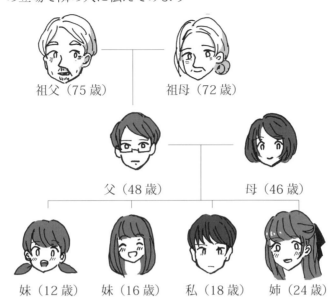

▶架空の家族を作ってクラスメイトに紹介してみよう

単語＆表現　家族構成

爷爷 yéye（〈父方の〉おじいさん）
奶奶 nǎinai（〈父方の〉おばあさん）
姥爷 lǎoye（〈母方の〉おじいさん）
姥姥 lǎolao（〈母方の〉おばあさん）
爸爸 bàba（父）

妈妈 māma（母）
哥哥 gēge（兄）
姐姐 jiějie（姉）
弟弟 dìdi（弟）
妹妹 mèimei（妹）

UNIT 04　クラスと学び

04-1 クラスについて説明できる

　聞いてみよう

高橋さんはクラスの人数を張さんに説明しています。

🔊 088

A: 你们 班 有 多少 学生？
　　Nǐmen bān yǒu duōshao xuésheng?

B: 我们 班 有 <u>十五</u> 个 学生。
　　Wǒmen bān yǒu shíwǔ ge xuésheng.

🔊 089

単語 Check
- □ 班 bān（クラス）
- □ 多少 duōshao（どれぐらい）
- □ 学生 xuésheng（学生）
- □ 中国 Zhōngguó（中国）
- □ 同学 tóngxué（クラスメイト）

A: 都 是 日本人 吗？
　　Dōu shì Rìběnrén ma?

B: 不 都 是，有 两 个 中国 同学。
　　Bù dōu shì, yǒu liǎng ge Zhōngguó tóngxué.

　置き換えてみよう　下線部の2ケタの数字を置き換えてみよう

| 二十 èrshí | 二十一 èrshiyī | 二十二 èrshi'èr | 二十三 èrshisān | 二十五 èrshiwǔ | 三十 sānshí |
| 四十 sìshí | 五十 wǔshí | 六十 liùshí | 七十 qīshí | 八十 bāshí | 九十九 jiǔshíjiǔ |

Point　副詞 "也" と "都"

副詞 "也 yě"「…も、…もまた」、"都 dōu"「どちらも、みんな」は動詞の前に置きます。

　我也是日本人。Wǒ yě shì Rìběnrén.（私も日本人です。）

　他们都是中国人。Tāmen dōu shì Zhōngguórén.（彼らはどちらも／みんな中国人です。）

「…もみな」と2つを同時に使う場合は "也都" の語順になります。

　她们也都是中国人。Tāmen yě dōu shì Zhōngguórén.（彼女らもみな中国人です。）

"都" と "不" を一緒に使う時には注意が必要です。

① "都不"（全否定）

　他们都不是中国人。Tāmen dōu bú shì Zhōngguórén.（彼らはみな（全員）中国人ではありません。）

04-2 勉強していることを言える

 聞いてみよう

山田くんは李明くんのお兄さんが何をしているのか尋ねています。

🔊090

A: 你 哥哥 是 大学生 吗?
　　Nǐ　gēge　shì　dàxuéshēng ma?

B: 他 是 大学生。
　　Tā　shì　dàxuéshēng.

🔊091

単語Check
- □ 学 xué（勉強する）
- □ 专业 zhuānyè（専攻）
- □ 经济 jīngjì（経済）

A: 他 学 什么 专业?
　　Tā　xué　shénme　zhuānyè?

B: 他 学 经济。
　　Tā　xué　jīngjì.

 **置き換えてみよう**　下線部を置き換えて練習してみよう

| 哲学 zhéxué | 文学 wénxué | 医学 yīxué | 历史 lìshǐ | 法律 fǎlǜ |
| 外语 wàiyǔ | 英语 Yīngyǔ | 法语 Fǎyǔ | 德语 Déyǔ | 日语 Rìyǔ |

② "不都"（部分否定）

他们不都是中国人。Tāmen bù dōu shì Zhōngguórén.
（彼らはみな（全員）が中国人というわけではありません。＝他の国の人が混じっている状態）

疑問詞 "什么"

疑問詞 "什么" は「なに」という意味で使われ、聞きたいところに置きます。

你有什么? Nǐ yǒu shénme?（あなたは何を持っていますか。）

さらに「"什么"＋名詞」の形で「何の○○、どんな○○」という意味を表すことができます。

什么书 shénme shū（何の本）　　　什么词典 shénme cídiǎn（何の辞典）

什么专业 shénme zhuānyè（どんな専攻）

言ってみよう

04-1

A: 君のクラスは何人学生がいるの？
B: うちのクラスには15人学生がいるよ。

A: 全員日本人？
B: 全部ではなくて、2人中国人学生がいるよ。

04-2

A: お兄さんは大学生？
B: 大学生。

A: 何を専攻しているの？
B: 彼は経済学を勉強してる。

練習してみよう

▶下のA〜Cのクラスについて国籍別に人数を説明してみよう

A班

B班

C班

▶自分のクラスについて説明してみよう

___

___

単語&表現　国籍

 中国人 Zhōngguórén （中国人）

 美国人 Měiguórén （アメリカ人）

 韩国人 Hánguórén （韓国人）

UNIT 05　家と仕事

05-1 家の所在地を言える

🔊 聞いてみよう

張さんは高橋さんに家がどこかを尋ねています。

🔊 092

A: 你　家　在　哪儿？
　　Nǐ　jiā　zài　nǎr?

B: 我　家　在　<u>东京</u>。
　　Wǒ　jiā　zài　Dōngjīng.

A: 你　哥哥　现在　住在　哪儿？
　　Nǐ　gēge　xiànzài　zhùzài　nǎr?

B: 他　住在　<u>大阪</u>。
　　Tā　zhùzài　Dàbǎn.

🔊 093

単語Check
- 在 zài（～にある／いる）
- 哪儿 nǎr（どこ）
- 东京 Dōngjīng（東京）
- 现在 xiànzài（今、現在）
- 住在 zhùzài（～に住む）

💬 置き換えてみよう　下線部を置き換えて練習してみよう

东京 Dōngjīng	埼玉 Qíyù	神奈川 Shénnàichuān	爱知 Àizhī
大阪 Dàbǎn	京都 Jīngdū	兵库 Bīngkù	福冈 Fúgāng

Point　"在 zài"を使った文①「～にいる」

　動詞の"在"は「名詞＋"在"＋場所」で、モノや人が「どこにあるのか、いるのか」を表します。"我家＋在＋北京"で、「私の家は北京にある」となります。

「名詞」が人

　　你在东京。Nǐ zài Dōngjīng.（あなたは東京にいます。）

　　我不在东京。Wǒ bú zài Dōngjīng.（私は東京にいません。）

「名詞」がモノ

　　你家在哪儿？ Nǐ jiā zài nǎr?（あなたの家はどこにありますか。）

　　你家在东京吗？ Nǐ jiā zài Dōngjīng ma?（あなたの家は東京にありますか。）

05-2 職業について言える

 聞いてみよう

張さんは高橋さんの両親について尋ねています。

A: 你 妈妈 是 家庭主妇 吗?
　　Nǐ māma shì jiātíng zhǔfù ma?

B: 不, 她 是 老师。
　　Bù, tā shì lǎoshī.

094

単語Check **095**
- □ 家庭主妇 jiātíng zhǔfù（専業主婦）
- □ 老师 lǎoshī（先生）
- □ 做 zuò（作る、する）
- □ 工作 gōngzuò（仕事／仕事をする）
- □ 银行 yínháng（銀行）

A: 你 爸爸 做 什么 工作?
　　Nǐ bàba zuò shénme gōngzuò?

B: 他 在 银行 工作。
　　Tā zài yínháng gōngzuò.

置き換えてみよう　下線部を置き換えて練習してみよう

公司职员 gōngsī zhíyuán	老师 lǎoshī	司机 sījī	导游 dǎoyóu	医生 yīshēng
公司 gōngsī	学校 xuéxiào	邮局 yóujú	商店 shāngdiàn	书店 shūdiàn

医院 yīyuàn

"在 zài" を使った文② 「…で～する」

介詞（前置詞）の "在 zài" は「"在"＋場所＋動詞」の形で「…で～する」という意味を表します。

他在高中学习。Tā zài gāozhōng xuéxí.（彼は高校で学んでいます。）
他在高中学习汉语。Tā zài gāozhōng xuéxí Hànyǔ.（彼は高校で中国語を学んでいます。）

※否定の副詞は介詞の前に置きます。

他不在高中学习。Tā bú zài gāozhōng xuéxí.（彼は高校で学んでいません。）
他在高中学习什么? Tā zài gāozhōng xuéxí shénme?（彼は高校で何を学んでいますか。）
他在哪儿学习汉语? Tā zài nǎr xuéxí Hànyǔ?（彼はどこで中国語を学んでいますか。）

言ってみよう

05-1

A: 家はどこ？
B: 家は東京よ。

A: お兄さんは今どこに住んでいるの？
B: 大阪に住んでいるの。

05-2

A: お母さんは主婦？
B: 違うわ。学校の先生。

A: お父さんは何の仕事をしているの？
B: 銀行に勤めているわ。

練習してみよう

▶下のイラストの人物の職業を紹介してみよう

父（通訳）

母（ガイド）

祖父（医者）

姉（看護師）

私（大学生）

妹（高校生）

▶UNIT3で作成した家族の職業を説明してみよう

単語 & 表現 職業

公司职员 gōngsī zhíyuán（会社員）
公务员 gōngwùyuán（公務員）
家庭主妇 jiātíng zhǔfù（専業主婦）
老师 lǎoshī（先生）
教师 jiàoshī（教師）
语言教师 yǔyán jiàoshī（国語教師）
数学教师 shùxué jiàoshī（数学教師）
医生 yīshēng（医者）
护士 hùshi（看護師）

律师 lǜshī（弁護士）
理发师 lǐfàshī（美容師）
翻译 fānyì（翻訳・通訳）
导游 dǎoyóu（旅行ガイド）
司机 sījī（運転手）
声优 shēngyōu（声優）
程序员 chéngxùyuán（プログラマー）
啃老族 kěnlǎozú（ニート）
学生 xuésheng（学生）

UNIT 06 持ち物と人間関係

06-1 ○○を持っていると言える

 聞いてみよう

高橋さんはどんな辞書を持っているのでしょうか。

🔊 096　　🔊 097

A: 你 有 汉日 词典 吗?
　　Nǐ yǒu Hàn-Rì cídiǎn ma?

B: 我 有 两 本 汉日 词典。
　　Wǒ yǒu liǎng běn Hàn-Rì cídiǎn.

単語 Check
- □ 汉日词典 Hàn-Rì cídiǎn（中日辞典）
- □ 词典 cídiǎn（辞典）
- □ 本 běn（[本や雑誌などの書籍を数える]〜冊）
- □ 电子 diànzǐ（電子）
- □ 没有 méiyǒu（ない）

A: 你 有 电子 词典 吗?
　　Nǐ yǒu diànzǐ cídiǎn ma?

B: 没有。
　　Méiyǒu.

　　我 有 一 个 词典 的 APP。
　　Wǒ yǒu yí ge cídiǎn de APP.

 置き換えてみよう　　下線部を置き換えて練習してみよう

课本 kèběn	本子 běnzi	铅笔 qiānbǐ	圆珠笔 yuánzhūbǐ	铅笔盒 qiānbǐhé
橡皮 xiàngpí	手表 shǒubiǎo	钱包 qiánbāo	书包 shūbāo	手机 shǒujī

Point　量詞

日本語では数量を表す時に助数詞をつけますが、中国語も同様に"量词 liàngcí"をつけます。数える物が何であるかによって、どの量詞を使うかが決まっているので、量詞と名詞はペアで覚えましょう。

个 ge	人や特定の量詞がないもの	人 rén（人）、苹果 píngguǒ（リンゴ）、东西 dōngxi（もの）
口 kǒu	家族の人数	人 rén（人）
把 bǎ	取っ手のついているもの	伞 sǎn（傘）、椅子 yǐzi（椅子）
杯 bēi	カップに入っているもの	茶 chá（お茶）、咖啡 kāfēi（コーヒー）、牛奶 niúnǎi（牛乳）
本 běn	書籍	词典 cídiǎn（辞書）、书 shū（本）、杂志 zázhì（雑誌）

06-2 友人がいると言える

   聞いてみよう

張さんは高橋さんに中国人の友人がいるか尋ねています。

📻 098

A: 你 有 中国 朋友 吗?
　　Nǐ yǒu Zhōngguó péngyou ma?

B: 有, 我 有 两个 中国 朋友。
　　Yǒu, wǒ yǒu liǎng ge Zhōngguó péngyou.

📻 099

単語Check
- ☐ 朋友 péngyou（友達）
- ☐ 他们 tāmen（彼ら）
- ☐ 留学生 liúxuéshēng（留学生）
- ☐ 对 duì（正しい、そのとおりだ）

A: 他们 是 留学生 吗?
　　Tāmen shì liúxuéshēng ma?

B: 对, 他们 是 留学生。
　　Duì, tāmen shì liúxuéshēng.

置き換えてみよう　下線部を置き換えて練習してみよう

中国 Zhōngguó	美国 Měiguó	法国 Fǎguó
越南 Yuènán	新加坡 Xīnjiāpō	韩国 Hánguó

家 jiā	店・会社	公司 gōngsī（会社）、医院 yīyuàn（病院）、银行 yínháng（銀行）
件 jiàn	服・荷物・事柄	衣服 yīfu（服）、毛衣 máoyī（セーター）、事 shì（こと、用事）
条 tiáo	細長いもの	裤子 kùzi（ズボン）、裙子 qúnzi（スカート）、河 hé（川）
张 zhāng	大小関係なく平面のもの	纸 zhǐ（紙）、票 piào（チケット）、桌子 zhuōzi（机、テーブル）
支 zhī	細長い棒状のもの	铅笔 qiānbǐ（鉛筆）圆珠笔 yuánzhūbǐ（ボールペン）
只 zhī	小動物、対の一方	狗 gǒu（イヌ）、猫 māo（ネコ）、手 shǒu（片手）
双 shuāng	対のもの	手 shǒu（手）、鞋 xié（靴）、筷子 kuàizi（箸）

言ってみよう

06-1

A: 中日辞書、持ってる？
B: 2冊持っている。

A: 電子辞書は持ってる？
B: ないけど、辞書アプリはある。

06-2

A: 中国人の友達はいる？
B: いるわ。中国人の友達は二人いる。

A: 彼らは留学生なの？
B: そう。留学生。

練習してみよう

▶下のイラストの物を量詞に注意して言ってみよう

▶自分が持っている物とその個数を言ってみよう

単語＆表現 身の回りの物

词典 cídiǎn（辞書）
课本 kèběn（教科書）
本子 běnzi（ノート）
铅笔 qiānbǐ（鉛筆）
圆珠笔 yuánzhūbǐ（ボールペン）
铅笔盒 qiānbǐhé（筆箱）

橡皮 xiàngpí（消しゴム）
电脑 diànnǎo（パソコン）
手机 shǒujī（ケータイ）
手表 shǒubiǎo（腕時計）
钱包 qiánbāo（財布）
书包 shūbāo（カバン）

UNIT 07　日付と誕生日

07-1 日付や曜日を言える

📻 聞いてみよう

山田くんは中国語で日付を聞いています。

🔊 100　　🔊 101

A: 今天　几月　几　号？
　　Jīntiān　jǐyuè　jǐ　hào?

B: 今天　8月　1　号。
　　Jīntiān　bāyuè　yī　hào.

単語 Check
- 今天 jīntiān（今日）
- 几 jǐ（いくつ）
- 月 yuè（月）
- 号 hào（日）
- 星期～ xīngqī（～曜日）
- 星期五 xīngqīwǔ（金曜日）

A: 今天　星期　几？
　　Jīntiān　xīngqī jǐ?

B: 今天　星期五。
　　Jīntiān　xīngqīwǔ.

💬 置き換えてみよう　　下の単語リストを参考にして、下線部を置き換えて練習してみよう

Point　名詞述語文

"今天八月一号。Jīntiān bāyuè yī hào."（今日は8月1日です。）のように名詞、名詞フレーズ、数量詞などが述語になる文を名詞述語文と言い、話し言葉で多く用いられます。具体的には年月日・時刻・出身地・年齢・数量などを表す場合に使います。ただし、名詞が述語になれるのは、肯定文の時のみで、否定の時は、"不是"が必要です。

"今天不是八月一号。Jīntiān bú shì bāyuè yī hào."（今日は8月1日ではありません。）

日付と曜日の言い方

日付の言い方は、「日」が"号 hào"になるほかは、日本語とほとんど同じです。自分の誕生日など日付が言えるように練習しましょう。

＜曜日＞
星期一 xīngqīyī（月曜日）
星期二 xīngqī'èr（火曜日）
星期三 xīngqīsān（水曜日）
星期四 xīngqīsì（木曜日）
星期五 xīngqīwǔ（金曜日）
星期六 xīngqīliù（土曜日）
星期天 xīngqītiān（日曜日）
星期几 xīngqī jǐ?（何曜日？）

07-2 誕生日を言える

 聞いてみよう

李明くんは高橋さんに誕生日を尋ねたのですが、答えにビックリ！

A: 你的生日是几月几号?
　Nǐ de shēngrì shì jǐ yuè jǐ hào?

B: 6月26号。
　Liùyuè èrshíliù hào.

A: 就是今天啊！生日快乐！
　Jiùshì jīntiān a! Shēngrì kuàilè!

B: 谢谢！
　Xièxie!

単語Check
- □ 的 de（～の）
- □ 生日 shēngrì（誕生日）
- □ 就 jiù（[強調を表す] まさに）
- □ 啊 a（[文末について念押し] ～でしょ）
- □ 生日快乐 shēngrì kuàilè（誕生日おめでとう）

UNIT 07

置き換えてみよう　下の単語リストを参考にして、下線部を置き換えて練習してみよう

<日>
前天 qiántiān（おととい）
昨天 zuótiān（きのう）
今天 jīntiān（きょう）
明天 míngtiān（あした）
后天 hòutiān（あさって）

<週>
上（个）星期 shàng(ge)xīngqī（先週）
这（个）星期 zhèi(ge)xīngqī（今週）
下（个）星期 xià(ge)xīngqī（来週）

<月>
上（个）月 shàng(ge) yuè（先月）
这（个）月 zhèi(ge)yuè（今月）
下（个）月 xià(ge)yuè（来月）

<年>
前年 qiánnián（おととし）
去年 qùnián（去年）
今年 jīnnián（今年）
明年 míngnián（来年）
后年 hòunián（再来年）

💬 言ってみよう

07-1

A: 今日は何日？
B: 今日は8月1日。

A: 今日は何曜日？
B: 今日は金曜日。

07-2

A: 君の誕生日は何月何日？
B: 6月26日。

A: ちょうど今日だね。お誕生日おめでとう。
B: ありがとう。

練習してみよう

▶カレンダーを見ながら質問に答えてみよう

4月

	星期一 xīngqīyī	星期二 xīngqī'èr	星期三 xīngqīsān	星期四 xīngqīsì	星期五 xīngqīwǔ	星期六 xīngqīliù	星期天 xīngqītiān
第一周	30	31 上个月	1	2 两个星期后	3	4	5
第二周 上个星期	6	7 上星期二	8	9 一个星期前	10	11	12 四天前
第三周 这个星期	13 三天前	14 前天	15 昨天	16 今天	17 明天	18 后天	19 三天后
第四周 下个星期	20 四天后	21	22	23 一个星期后	24	25 下星期六	26
第五周	27	28	29	30 两个星期后	1 下个月	2	3

今天几月几号？　Jīntiān jǐ yuè jǐ hào?

8号是星期几？　Bā hào shì xīngqī jǐ?

第一周的星期四是几号？　Dì yī zhōu de xīngqīsì shì jǐ hào?

今天星期四。明天呢？　Jīntiān xīngqīsì. Míngtiān ne?

▶上のカレンダーを使って質問を2つ考えクラスメイトに聞いてみよう

UNIT 08 携帯とスマホ

08-1 携帯電話の番号を言える

🔊 聞いてみよう

李明くんは高橋さんの電話番号とWeChatIDを聞きだせるでしょうか。

A: 你 的 手机号 是 多少？
　　Nǐ　de　shǒujīhào　shì　duōshao?

B: 我 的 手机号
　　Wǒ　de　shǒujīhào

　　是 1 3 8 - 1 2 3 4 - 5 6 7 8。
　　shì yāo sān bā - yāo èr sān sì - wǔ liù qī bā.

🔊 104　単語 Check　🔊 105

☐ 手机号 shǒujīhào
　（携帯電話の番号）

A: 你 的 WeChatID 是 什么？
　　Nǐ　de　WeChatID　shì　shénme?

B: 是 N0321。
　　Shì　N líng sān èr yāo.

💬 置き換えてみよう　数字の下にピンインを書き、下線部を置き換えて練習してみよう

| 0 | 1 | 2 | 3 | 4 | 5 | 6 | 7 | 8 | 9 |

Point　数字の言い方と聞き方

　数字は金額など数量を言う時には「十、百、千、万」という単位をつけますが、電話番号やホテルの部屋番号などを言う時には、数字をそのまま一つ一つ読みます。日本語で1（イチ）と7（シチ）が聞き分けにくいのと同じように、中国語でも"一yī"は"七qī"と聞き間違いやすいので、番号を言う時は"一"を特に"yāo"と発音します。電話番号を聞く場合は、"你的电话号码是多少？Nǐ de diànhuà hàomǎ shì duōshao?"、携帯番号を聞く時は、"你的手机号是多少？Nǐ de shǒujīhào shì duōshao?"、IDの場合には"什么 shénme"（何）を使い、"你的ID是什么？Nǐ de ID shì shénme？"（IDは何？）と聞きます。

08-2 WeChat の ID を交換できる

 聞いてみよう

WeChat ID を交換したら、表示されたニックネームは……

🔊 106

A: 我 加 你 微信 吧?
　　Wǒ jiā nǐ Wēixìn ba?

B: 好, 你 扫 我 的 二维码 吧。
　　Hǎo, nǐ sǎo wǒ de èrwéimǎ ba.

A: 你 的 微信 名字
　　Nǐ de Wēixìn míngzi

　　是 "白雪 公主" 吗?
　　shì "Báixuě gōngzhǔ" ma?

B: 对。"香香" 是 你 吗?
　　Duì. "Xiāngxiang" shì nǐ ma?

単語Check 🔊 107

- □ 加 jiā（足す、加える）
- □ 微信 Wēixìn（WeChat）
- □ 吧 ba（〜でしょう）
- □ 好 hǎo（良い）
- □ 扫 sǎo（スキャンする）
- □ 二维码 èrwéimǎ（QRコード）
- □ 名字 míngzi（名前）
- □ 白雪公主 Báixuě gōngzhǔ（[固有]白雪姫）
- □ 香香 Xiāng xiang（[固有]香香）

💬 **置き換えてみよう**　キャラクターや有名人の名前を調べて書いてみよう

簡体字　_____

ピンイン　_____

SNS 用語

"加 jiā" はもともと「加える」、「増やす」、「足す」という意味で、LINE の「友だち追加」、WeChat の「友人の追加」をする場合に使う動詞です。友達を追加する際にはこの会話にあるように "扫二维码 sǎo èrwéimǎ" 「QRコードをスキャンする」方法もあります。動詞 "扫 sǎo" は「掃く」という意味で使われますが、掃く動作がバーコードをスキャンする際にでる「光線」の動きに似ているため、この動詞を使うようになりました。「パスワード」は "密码 mìmǎ"、「メッセージ、コメント」は、"留言 liúyán"、「動画」は "视频 shìpín"、「入力」は "输入 shūrù"、「アドレス」は "地址 dìzhǐ"。詳しくは次のページの「単語 & 表現」を見てみましょう。

💬 言ってみよう

08-1

A: 君の携帯番号は何番?
B: 携帯番号は 138-1234-5678。

A: LINE の ID は何?
B: N0321。

08-2

A: WeChat 登録しようか?
B: いいよ。あなたの QR コードをスキャンするね。

A: WeChat ネームは「白雪姫」?
B: そう。「香香」はあなた?

練習してみよう

▶下のA～Cのイラストに示された情報を隣の人に紹介してみよう

A

・张 丽丽
　Zhāng Lìlì
　132-1134-9884
　lili0312
　熊猫大人
　Xióngmāo dàrén

B
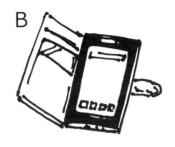
・王 大力
　Wáng Dàlì
　134-8861-3567
　king2310
　成龙
　Chénglóng

C

・陈 晓芳
　Chén Xiǎofāng
　132-5427-1564
　chenchen88
　米妮
　Mīnī

▶クラスメイトの電話番号とユーザー名を聞いて書いてみよう
　※ただし本当の電話番号やユーザー名は使わず架空の番号とニックネームを使用すること

架空の番号 _____　ユーザー名 _____

架空の番号 _____　ユーザー名 _____

架空の番号 _____　ユーザー名 _____

単語&表現　SNS用語

二维码 èrwéimǎ（QRコード）
发 fā（送る）
加 jiā（加える）
扫 sǎo/ 扫一扫 sǎo yi sǎo（スキャンする）
朋友圈 péngyouquān（タイムライン）
转发 zhuǎnfā（転送する）
语音 yǔyīn（音声）
视频 shìpín（動画）
群 qún（グループ）
群聊 qúnliáo（グループチャット）
收藏 shōucáng（お気に入り）
表情 biǎoqíng（感情アイコン）

相册 xiàngcè（アルバム）
通讯录 tōngxùnlù（アドレス帳）
公众号 gōngzhònghào（公式アカウント）
搜 sōu/ 搜索 sōusuǒ（検索する）
点赞 diǎnzàn（いいね）
评论 pínglùn（コメント）
粉丝 fěnsī（フォロワー）
个人信息 gèrén xìnxī（個人情報）
微信钱包 Wēixìn qiánbāo（WeChatウォレット）
微信红包 Wēixìn hóngbāo（WeChatお年玉）
关注 guānzhù（フォローする）
支付 zhīfù（支払う）

UNIT 09 学校と時間割

09-1 自分の学校を紹介できる

 聞いてみよう

李明くんは山田くんに学校の所在地を尋ねています。

🔊 108　🔊 109

A: 你 是 哪 个 学校 的 学生?
　　Nǐ shì něi ge xuéxiào de xuésheng?

B: 我 是 东都 高中 的 学生。
　　Wǒ shì Dōngdū gāozhōng de xuésheng.

単語 Check
- □ 哪 nǎ（どの）
- □ 学校 xuéxiào（学校）
- □ 高中 gāozhōng（高校）

A: 你们 学校 在 哪儿?
　　Nǐmen xuéxiào zài nǎr?

B: 在 东京。
　　Zài Dōngjīng.

置き換えてみよう　下線部を置き換えて練習してみよう

| 新宿 Xīnsù | 代代木 Dàidàimù | 御茶之水 Yùcházhīshuǐ | 横滨 Héngbīn | 千叶 Qiānyè | 大宫 Dàgōng |
| 大阪 Dàbǎn | 神户 Shénhù | 京都 Jīngdū | 名古屋 Mínggǔwū | 荣 Róng | 福冈 Fúgāng | 博多 Bóduō |

Point 指示代名詞

空間的、時間的、心理的に近ければ "这 zhè"、遠ければ "那 nà" を使い、疑問は "哪 nǎ" となります。

文中での位置	近称 ←这→	中称 ←这/那→	遠称 ←那→	疑問
主語	这 zhè/zhèi　これ、それ 那 nà/nèi　それ、あれ			哪 nǎ/něi　どれ
主語と目的語	这个 zhège/zhèige　これ・この、それ・その 那个 nàge/nèige　それ・その、あれ・あの			哪个 nǎge/něige　どれ、どの
主語と目的語	这些 zhèxiē/zhèixiē　これら（の）、それら（の） 那些 nàxiē/nèixiē　それら（の）、あれら（の）			哪些 nǎxiē/něixiē　どれ、どの（複数）

09-2 時間割を言える

聞いてみよう

今日の時間割はどうなっているでしょうか。

A: 你 今天 有 几 节 课？
　 Nǐ jīntiān yǒu jǐ jié kè?

B: 我 今天 有 <u>六 节</u> 课。
　 Wǒ jīntiān yǒu liù jié kè.

🔊110　🔊111

単語 Check
- 节 jié（[授業のコマ数を数える]～コマ）
- 课 kè（課）
- 第 dì（第～）
- 什么 shénme（何）
- 汉语 Hànyǔ（中国語）

A: 第 一 节 是 什么 课？
　 Dì yī jié shì shénme kè?

B: 第 一 节 是 <u>汉语</u> 课。
　 Dì yī jié shì Hànyǔ kè.

置き換えてみよう　下線部を置き換えて練習してみよう

汉语	英语	数学
Hànyǔ	Yīngyǔ	shùxué
政治	历史	体育
zhèngzhì	lìshǐ	tǐyù

時間を表す言葉の文中での位置

　中国語では時間を表す言葉は、時点と時量という概念で考えます。時点は「何年・何月・何日・何時・何分」のように点で指し示すことができるもの、時量は「何年間・何か月間・何日間・何時間・何分間」のようにある一定のスパンで表すことができるものです。時点は述語の前に、時量は述語の後に置きます。本文に出てきた"我今天有六节课。Wǒ jīntiān yǒu liù jié kè."（私は今日6コマ授業があります）では、"今天 jīntiān"（今日）は時点を表す言葉なので、述語より前に置きます。

言ってみよう

09-1

A: あなたはどこの学校の生徒ですか？
B: 私は東都高校の生徒です。

A: あなたの学校はどこにありますか？
B: 東京です。

09-2

A: あなたは今日何コマ授業がありますか？
B: 私は今日6コマあります。

A:1限目は何の授業ですか？
B:1限目は中国語です。

練習してみよう

▶時間割についてクラスメイトと話してみよう

1. 自分の時間割を書いてみよう
2. 質問例を参考にクラスメイトと時間割について話してみよう

※曜日を表す言い方にはこれまで学んだ"星期〜"という言い方の他に"周 zhōu〜"という言い方もあります。月曜日は"周一 zhōu yī"となります。

（質問例）A：周一有几节课？　　　　B：周一有两节课。
　　　　　A：周一第一节是什么课？　B：第一节是国语。

自分の時間割

	周一	周二	周三	周四	周五
第一节					
第二节					
第三节					
第四节					
第五节					

クラスメイトの時間割

	周一	周二	周三	周四	周五
第一节					
第二节					
第三节					
第四节					
第五节					

単語&表現　科目

语文 yǔwén（国語）
数学 shùxué（数学）
物理 wùlǐ（物理）
科学 kēxué（科学）
化学 huàxué（化学）
生物 shēngwù（生物）
外语 wàiyǔ（外国語）
英语 Yīngyǔ（英語）
汉语 Hànyǔ（中国語）
地理 dìlǐ（地理）
历史 lìshǐ（歴史）

日本历史 Rìběn lìshǐ（日本史）
世界历史 shìjiè lìshǐ（世界史）
政治 zhèngzhì（政治）
信息 xìnxī（情報）
体育 tǐyù（体育）
音乐 yīnyuè（音楽）
美术 měishù（美術）
会话 huìhuà（会話）
作文 zuòwén（作文）
语法 yǔfǎ（文法）
阅读 yuèdú（閲読）

UNIT 09

UNIT 10 時間と日課

10-1 時間について言える

聞いてみよう

お昼になりましたが、山田くんと李明くんはどうするのでしょうか。

🔊 112

A: 现在 几 点 了?
　　Xiànzài jǐ diǎn le?

B: 十二 点 半 了。
　　Shí'èr diǎn bàn le.

A: 那 咱们 去 吃 午饭 吧。
　　Nà zánmen qù chī wǔfàn ba.

B: 走 吧。
　　Zǒu ba.

🔊 113

単語 Check
- 点 diǎn（～時）
- 半 bàn（30分）
- 那 nà（それでは）
- 咱们 zánmen（わたしたち）
- 去 qù（行く）
- 吃 chī（食べる）
- 午饭 wǔfàn（昼食）
- 走 zǒu（歩く、行く、その場を立ち去る）

置き換えてみよう　ポイントを参考に下線部を置き換えて練習してみよう

Point 時刻を表す表現

時刻は、"〇点 diǎn〇分 fēn"（〇時〇分）という形で表し、述語の前に置かれます。いくつか日本語と異なる点があります。まず、1時2分と言う時は1時02分のように0を入れて、"一点零二分 yīdiǎn líng èr fēn"と言います。そして「～時」は"一点、三点、五点…"のように表しますが、「2時」は"二点"ではなく"两点 liǎng diǎn"となります。「30分」は"三十（分）sānshí (fēn)"と"半 bàn"の2つの言い方があります。さらに15分刻みの言い方もあり、「15分」は"一刻 yí kè"、「45分」は"三刻 sān kè"と言います。

また何時何分前は"差三分四点 chà sān fēn sì diǎn"4時3分前（3時57分）と言います。

1：00　一点 yī diǎn / yì diǎn
2：02　两点零二分 liǎng diǎn líng èr fēn
3：15　三点十五（分）sān diǎn shíwǔ(fēn)
　　　三点一刻 sān diǎn yí kè
4：30　四点三十（分）sì diǎn sānshí(fēn)
　　　四点半 sì diǎn bàn

5：45　五点四十五（分）wǔ diǎn sìshíwǔ(fēn)
　　　五点三刻 wǔ diǎn sān kè
6：58　六点五十八（分）liù diǎn wǔshíbā(fēn)
　　　差两分七点 chà liǎng fēn qī diǎn

何時何分　几点几分? Jǐ diǎn jǐ fēn?

10-2 日課について言える

 聞いてみよう

明日なぜ早起きをしないといけないのでしょうか。

🔊114

A: 你 明天 几 点 起床?
　　Nǐ míngtiān jǐ diǎn qǐchuáng?

B: 六 点 十 分。
　　Liù diǎn shí fēn.

A: 太 早 了! 几 点 上课?
　　Tài zǎo le! Jǐ diǎn shàngkè?

B: 八 点 上课。
　　Bā diǎn shàngkè.

🔊115
単語Check
- 明天 míngtiān（明日）
- 起床 qǐ//chuáng（起きる）
- 分 fēn（～分）
- 太 tài（とても、あまりに）
- 早 zǎo（[時間が] 早い）
- 上课 shàng//kè（授業をする、授業を受ける）

 置き換えてみよう　下線部を置き換えて練習してみよう

吃早饭	吃午饭	下课	
chī zǎofàn	chī wǔfàn	xiàkè	
回家	吃晚饭	洗澡	睡觉
huíjiā	chī wǎnfàn	xǐzǎo	shuìjiào

連動文①

10-1 にでてくる"咱们去吃午饭。"という文には"去"（行く）と"吃"（食べる）という2つの動詞がはいっています。これまでは、1つの文に1つの動詞でしたが、同一の主語が時間の流れに沿って2つ以上の動作を行う場合、このように複数の動詞を使います。こういった文を連動文と言い、中国語では動作が行われる順に動詞を配置します。

　咱们去吃午饭。Zánmen qù chī wǔfàn.（私たちは夕食を食べに行く）…日本語では「夕食を食べに行く」と訳すのが自然ですが、中国語では、動作の発生順に動詞を並べます。語順に注意しましょう。

　否定文は否定の副詞"不"を最初の動詞の前に置きます。

　我不去吃晚饭。Wǒ bú qù chī wǎnfàn.（私は夕食を食べに行きません。）

言ってみよう

10-1

A: 今何時ですか？
B: 12時半です。

A: じゃ、昼ご飯を食べに行きましょう。
B: 行きましょう。

10-2

A: あなたは明日何時に起きますか。
B: 6時10分。

A: すごく早いですね。何時に授業が始まりますか。
B: 8時に始まります。

練習してみよう

▶時計の時間に何をするのか言ってみよう

 起きる

 朝食を食べる

 家を出る

 授業が始まる

 昼食を食べる

 家に帰る

 夕食を食べる

 テレビを見る

 お風呂に入る

 寝る

▶自分の日課を言ってみよう

単語＆表現　いろいろな動作

起床 qǐchuáng（起きる）
睡觉 shuìjiào（就寝する、寝る）
休息 xiūxi（休憩する）
洗脸 xǐliǎn（顔を洗う）
出门 chūmén（家を出る）
回家 huíjiā（家に帰る）
吃早饭 chī zǎofàn（朝食を食べる）
吃午饭 chī wǔfàn（昼食を食べる）
吃晚饭 chī wǎnfàn（夕食を食べる）
上课 shàngkè（授業が始まる）

下课 xiàkè（授業が終わる）
打电话 dǎ diànhuà（電話をする）
玩儿游戏 wánr yóuxì（ゲームをする）
和朋友在｛LINE/微信｝上聊天
　hé péngyou zài LINE/Wēixìn shàng liáotiān.
　　（友達とLINE/WeChatをする）
写作业 xiě zuòyè（宿題をする）
看电视 kàn diànshì（テレビを見る）
打工 dǎgōng（アルバイトをする）
洗澡 xǐzǎo（お風呂に入る）

UNIT 11　通学の手段と時間

11-1 通学手段を言える

　聞いてみよう

山田くんは毎日どうやって、どれぐらいの時間をかけて学校まで来ているのでしょうか。

◀ 116

A: 你 每天 怎么 来 学校？
　　Nǐ měi tiān zěnme lái xuéxiào?

B: 我 坐 地铁 来。
　　Wǒ zuò dìtiě lái.

A: 从你家到学校要多长时间?
　　Cóng nǐ jiā dào xuéxiào yào duōcháng shíjiān?

B: 要 一个 小时 左右。
　　Yào yí ge xiǎoshí zuǒyòu.

（吹き出し：どうやって学校に来る？／地下鉄／家から学校までどれくらい？／1時間）

◀ 117

単語 Check
- 每天 měi tiān（毎日）
- 怎么 zěnme（どのように）
- 来 lái（来る）
- 坐 zuò（座る、乗る）
- 地铁 dìtiě（地下鉄）
- 从 cóng（〜から）
- 到 dào（到着する）
- 要 yào（かかる、ほしい）
- 多长 duō cháng（どれほどの［時間］）
- 时间 shíjiān（時間）
- 小时 xiǎoshí（〜時間）
- 左右 zuǒyòu（〜ぐらい）

置き換えてみよう　下線部を置き換えて練習してみよう

| 坐电车 | 坐公交车 | 骑自行车 | 坐 JR |
| zuò diànchē | zuò gōngjiāochē | qí zìxíngchē | zuò JR |

| 三十分钟 | 一个小时 | 一个半小时 |
| sānshí fēnzhōng | yí ge xiǎoshí | yí ge bàn xiǎoshí |

Point　場所と時間を表す介詞（前置詞）

① "从 cóng"は後に場所を表す言葉を伴って「〜から」「〜より」と起点や経過地点を表したり、時間を表す言葉を伴って「〜から」と開始時間を表します。"到 dào"は後に場所を表す言葉を伴って「〜へ」「〜まで」と終点や到達点を表したり、時間を表す言葉を伴って「〜になると」「〜までには」と到達時間を表します。

　从你家到学校要多长时间？Cóng nǐ jiā dào xuéxiào yào duō cháng shíjiān?（あなたの家から学校まで、どのくらい時間がかかりますか。）

　我从星期一到星期五上学。Wǒ cóng xīngqīyī dào xīngqīwǔ shàngxué.（私は月曜から金曜まで学校に行きます。）

② "离 lí"「〜から、〜まで」は2点間の距離の遠近を表し、述語は形容詞の "远 yuǎn"か "近 jìn"になります。主語Aは省略されることもあります。「A＋"离"＋B＋"很远／很近"」

　我家离学校很近。Wǒ jiā lí xuéxiào hěn jìn.（私の家は学校から近い。）

11-2 距離と所要時間を言える

  聞いてみよう

李明くんは山田くんの家までの距離が気になるようです。

A: 你 家 离 学 校 远 吗?
　　Nǐ jiā lí xuéxiào yuǎn ma?

◀ 118

B: <u>很远</u>, 坐 车 大概 五十 分钟。
　　Hěn yuǎn, zuò chē dàgài wǔshí fēnzhōng.

◀ 119

単語Check
□ 离 lí（～から、～まで）
□ 远 yuǎn（遠い）
□ 车 chē（車、車両）
□ 大概 dàgài
　（だいたい）
□ 分钟 fēnzhōng
　（～分間）
□ 早上 zǎoshang（朝）
□ 多 duō（多い）

UNIT 11

A: 早 上 人 多 不 多?
　　Zǎoshang rén duō bu duō?

B: 人 <u>太 多</u> 了!
　　Rén tài duō le!

・・・ 置き換えてみよう　　下線部を置き換えて練習してみよう

| 很远 hěn yuǎn | 不远 bù yuǎn | 不太远 bú tài yuǎn | 很近 hěn jìn |
| 非常多 fēicháng duō | 很多 hěn duō | 不多 bù duō | 不太多 bú tài duō | 很少 hěn shǎo |

連動文②

　同一の主語が時間の流れに沿って２つ以上の動作をする連動文には、動詞フレーズⅠが動詞フレーズⅡの手段・方法を表す場合もあります。

主語＋ 動詞＋目的語（動詞フレーズⅠ） ＋ 動詞＋目的語（動詞フレーズⅡ）

我坐地铁去学校。Wǒ zuò dìtiě qù xuéxiào.（私は地下鉄で学校に行きます。）
我妈妈每天骑自行车去买东西。Wǒ māma měi tiān qí zìxíngchē qù mǎi dōngxi.
（母は毎日自転車で買い物に行きます。）
否定文は否定の副詞 "不" を「動詞フレーズⅠ」の前に置きます。
我不坐地铁去学校。Wǒ bú zuò dìtiě qù xuéxiào.（私は地下鉄で学校に行きません。）

💬 言ってみよう

11-1

A: どうやって学校に来ているの。
B: 地下鉄だよ。

A: 家から学校までどれくらいかかる？
B: 1時間。

11-2

A: 家は学校まで遠いの？
B: 遠いよ。電車に約50分乗るよ。

A: 朝は人が多い？
B: すごく多いよ。

練習してみよう

▶下のA～Cの交通手段で、どれぐらいの時間をかけて通学しているか言ってみよう

A
・张 丽丽
　Zhāng Lìlì
地下鉄・1時間

B
・王 大力
　Wáng Dàlì
バス・45分

C
・陈 晓芳
　Chén Xiǎofāng
自転車・30分

▶家から学校までの交通手段、距離、時間について言ってみよう

_____

_____

_____

単語＆表現　乗り物

电车 diànchē（電車）　　　　　警车 jǐngchē（パトカー）
地铁 dìtiě（地下鉄）　　　　　救护车 jiùhùchē（救急車）
公交车 gōngjiāochē（バス）　　救火车 jiùhuǒchē（消防車）
新干线 xīngànxiàn（新幹線）　　卡车 kǎchē（トラック）
高铁 gāotiě（高速鉄道）　　　　摩托车 mótuōchē（オートバイ）
出租汽车 chūzū qìchē（タクシー）　自行车 zìxíngchē（自転車）

UNIT 12 趣味と時間

12-1 趣味について話せる

 聞いてみよう

張さんが好きな漫画は何でしょうか。

🔊 120

A: 你 喜欢 日本 漫画 吗?
　　Nǐ xǐhuan Rìběn mànhuà ma?

B: 我 非常 喜欢。
　　Wǒ fēicháng xǐhuan.

A: 你 喜欢 什么 漫画?
　　Nǐ xǐhuan shénme mànhuà?

B: 《哆啦A梦》。很 有 意思!
　　《Duō lā A mèng》. Hěn yǒu yìsi!

🔊 121

単語Check
- □ 喜欢 xǐhuan（好きだ）
- □ 日本 Rìběn（日本）
- □ 漫画 mànhuà（漫画）
- □ 非常 fēicháng（非常に）
- □ 《哆啦A梦》 Duō lā A mèng（ドラえもん）
- □ 有意思 yǒu yìsi（おもしろい）

💬 **置き換えてみよう**　インターネットで漫画のタイトルを調べてみよう

《火影忍者》	《航海王》	《死神》
Huǒyǐng rěnzhě	Hánghǎiwáng	Sǐshén
《舰队收藏》	《蜡笔小新》	《轻音少女》
Jiànduì shōucáng	Làbǐ xiǎoxīn	Qīngyīn shàonǚ

NARUTO-ナルト-　ONE PIECE　BLEACH　艦隊これくしょん-艦これ-　クレヨンしんちゃん　けいおん！

Point　程度副詞

副詞は動詞や形容詞の前に置いて、程度・範囲・頻度・時間・否定・話し手の気持ちなどを表すものです。以下は、覚えておきたい程度を表す副詞（程度副詞）です。

最 zuì（最も、いちばん）　　还 hái（さらに、なお一層）　　真 zhēn（本当に）
十分 shífēn（十分に）　　　太 tài（すごく）　　　　　　非常 fēicháng（非常に、極めて）
很 hěn（とても）　　　　　特别 tèbié（とりわけ、特に）　更 gèng（さらに）

12-2 どれぐらい時間をかけるか言える

  聞いてみよう

バスケが好きな山田くん、毎日どれくらい練習しているのでしょうか。

📢 122

A: 你 喜欢 做 什么?
　　Nǐ xǐhuan zuò shénme?

B: 我 喜欢 打 篮球。
　　Wǒ xǐhuan dǎ lánqiú.

単語Check 📢 123
- □ 打 dǎ（[スポーツなどを]する）
- □ 篮球 lánqiú（バスケットボール）

A: 你 每天 打 多长 时间 篮球?
　　Nǐ měi tiān dǎ duōcháng shíjiān lánqiú?

B: 我 每天 打 两 个 小时 篮球。
　　Wǒ měi tiān dǎ liǎng ge xiǎoshí lánqiú.

置き換えてみよう　下線部を置き換えて練習してみよう

踢足球	打乒乓球	打棒球
tī zúqiú	dǎ pīngpāngqiú	dǎ bàngqiú
打网球	打羽毛球	打太极拳
dǎ wǎngqiú	dǎ yǔmáoqiú	dǎ tàijíquán

時量の文中での位置

"一个小时 yí ge xiǎoshí"（1時間）、"一个半小时 yí ge bàn xiǎoshí"（1時間半）、"两个小时 liǎng ge xiǎoshí"（2時間）は時間の長さを表す単語で、中国語では「時量」と言い、動詞と目的語の間に置きます。「何時間」と尋ねる場合には、疑問詞の "多长时间 duō cháng shíjiān"（どれくらいの時間）を用います。

　你每天打多长时间篮球？（私は毎日どれくらいバスケをやりますか。）
　我每天打两个小时篮球。（私は毎日2時間バスケをやります。）

💬 言ってみよう

12-1

A: 日本の漫画は好き？
B: とっても好き。

A: どんな漫画が好き？
B: 『ドラえもん』。すごくおもしろい。

12-2

A: 何をするのが好き？
B: バスケが好き。

A: 毎日どれくらいプレーするの？
B: 毎日2時間バスケをやるよ。

練習してみよう

▶下のA～Cのイラストのスポーツについて、どれぐらいの時間するか言ってみよう

A

バレーボール・2時間

B

テニス・1時間

C

サッカー・1時間半

▶クラスメイトに好きなスポーツについて話してみよう

単語&表現　スポーツ

踢足球 tī zúqiú（サッカーをする）
打排球 dǎ páiqiú（バレーボールをする）
打网球 dǎ wǎngqiú（テニスをする）
打棒球 dǎ bàngqiú（野球をする）
打篮球 dǎ lánqiú（バスケットボールをする）
打乒乓球 dǎ pīngpāngqiú（卓球をする）

打保龄球 dǎ bǎolíngqiú（ボーリングをする）
游泳 yóuyǒng（泳ぐ）
滑雪 huáxuě（スキーをする）
滑冰 huábīng（スケートをする）
打羽毛球 dǎ yǔmáoqiú（バドミントンをする）
打太极拳 dǎ tàijíquán（太極拳をする）

UNIT 13 興味

13-1 興味の対象について話せる①

 聞いてみよう

山田くんが言った「五月天」とは一体なんでしょうか。

📢 124

A: 你 在 做 什么 呢?
　　Nǐ zài zuò shénme ne?

B: 我 在 听 音乐 呢。
　　Wǒ zài tīng yīnyuè ne.

A: 你 喜欢 的 歌手 是 谁?
　　Nǐ xǐhuan de gēshǒu shì shéi?

B: 我 非常 喜欢 台湾 的 五月天。
　　Wǒ fēicháng xǐhuan Táiwān de Wǔyuètiān.

📢 125 **単語Check**
- □ 听 tīng（聞く）
- □ 音乐 yīnyuè（音楽）
- □ 歌手 gēshǒu（歌手）
- □ 谁 shéi（誰）
- □ 台湾 Táiwān（台湾）
- □ 五月天 Wǔyuètiān（[歌手のグループ名]メイデイ）

💬 **置き換えてみよう**　インターネットで歌手の名前を調べてみよう

| （日本）嵐 Lán | （日本）西野加奈 Xīyě Jiānài | （中国）张杰 Zhāng Jié | （中国）陈奕迅 Chén Yìxùn |
| （中国）邓紫棋 Dèng Zǐqí | （台湾）周杰伦 Zhōu Jiélún | （新加坡）林俊杰 Lín Jùnjié | |

Point 進行形

「〜している」という動作の進行は"正 zhèng"、"在 zài"、"呢 ne"を単独で、あるいは組み合わせて表します。

主語＋ "正"／"在"／"正在" ＋ 動詞＋目的語＋"呢"

否定は"没（有）"を用います。否定すると"正／呢"は消えますが、"在"は残ることもあります。

你在打扫房间吗？ Nǐ zài dǎsǎo fángjiān ma?（あなたは部屋の掃除をしているのですか。）

没有，我没在打扫，在做菜呢。Méiyou, wǒ méi zài dǎsǎo, zài zuò cài ne.

（いいえ、掃除をしているのではなく、料理をしています。）

13-2 興味の対象について話せる②

 聞いてみよう

高橋さんと張さんはどちらもアニメファンのようです。

📢126

A: 你对什么感兴趣?
　　Nǐ duì shénme gǎn xìngqù?

B: 我对动漫很感兴趣。
　　Wǒ duì dòngmàn hěn gǎn xìngqù.

単語Check 📢127
- □ 感 gǎn（感じる）
- □ 兴趣 xìngqù（興味、関心、趣味）
- □ 动漫 dòngmàn（アニメ）
- □ 跟 gēn（～と）
- □ 动漫节 dòngmànjié（アニメフェス）

A: 那你跟我去今年的动漫节吧?
　　Nà nǐ gēn wǒ qù jīnnián de dòngmànjié ba?

B: 好啊!
　　Hǎo a!

💬 **置き換えてみよう**　下線部を置き換えて練習してみよう

电视节目	杂志	游戏	料理
diànshì jiémù	zázhì	yóuxì	liàolǐ

介詞 "跟" と "对"

　介詞 "跟 gēn" は「…と」と一緒に動作をする相手を導き、副詞の "一起 yìqǐ"（一緒に）と組み合わせることが多く、"对 duì" は「…に」と対象を導きます。介詞フレーズは述語の前が指定席です。

主語＋"跟"＋人＋動詞（＋目的語）（…と～する）
　星期天我跟她（一起）去看电影。Xīngqītiān wǒ gēn tā (yìqǐ) qù kàn diànyǐng.
　（日曜日に私は彼女と（一緒に）映画を見に行きます。）

主語＋"对"＋人／物＋動詞（＋目的語）（…に～である）
　我对中国电影感兴趣。Wǒ duì Zhōngguó diànyǐng gǎn xìngqù.
　（私は中国映画に興味があります。）

言ってみよう

13-1

A: 何をしているの？
B: 家で音楽を聞いているところ。

A: 好きなミュージシャンは？
B: 台湾のメイデイがすごく好き。

13-2

A: 趣味は何？
B: アニメに興味がある。

A: じゃあ、私と今年のアニメフェスに行こうよ。
B: いいよ！

練習してみよう

▶下のA〜Cのイラストの人物の趣味を紹介してみよう

A ピアノ　　B ギター　　C 将棋

▶クラスメイトと趣味について話してみよう

単語&表現　趣味

听音乐 tīng yīnyuè（音楽を聞く）
听摇滚乐 tīng yáogǔnyuè（ロックを聞く）
唱歌 chàng gē（歌を歌う）
看电影 kàn diànyǐng（映画を見る）
跳舞 tiàowǔ（踊る）
照相 zhàoxiàng（写真を撮る）
画画儿 huàhuàr（絵を描く）
看书 kàn shū（本を読む）

看小说 kàn xiǎoshuō（小説を読む）
弹钢琴 tán gāngqín（ピアノを弾く）
弹吉他 tán jítā（ギターを弾く）
旅游 lǚyóu（旅行する）
看动漫 kàn dòngmàn（アニメを見る）
买东西 mǎi dōngxi（買い物をする）
玩儿游戏 wánr yóuxì（ゲームをする）
下棋 xiàqí（将棋をさす）

UNIT 14　スキル

14-1 できること、できないことを言える

聞いてみよう

高橋さんはどれぐらい中国語ができるのでしょうか。

🔊128

A: 你 会 说 <u>汉语</u> 吗？
　　Nǐ huì shuō Hànyǔ ma?

B: 我 会 说 一点儿，说得 <u>不 好</u>。
　　Wǒ huì shuō yìdiǎnr, shuōde bù hǎo.

A: 你 能 听懂 我 的 话 吗？
　　Nǐ néng tīngdǒng wǒ de huà ma?

B: 请 你 说 慢 一点儿。
　　Qǐng nǐ shuō màn yìdiǎnr.

🔊129

単語 Check

☐ 会 huì
　（[習得して]できる）
☐ 说 shuō（話す）
☐ 一点儿 yìdiǎnr
　（少し）
☐ 能 néng
　（[能力があって]できる）
☐ 听懂 tīngdǒng
　（[聞いて] 分かる）
☐ 话 huà（ことば、話）
☐ 请 qǐng
　（どうぞ～してください）
☐ 您 nín（あなた(敬称)）
☐ 慢 màn
　（[速度が] 遅い）

💬 置き換えてみよう　下線部を置き換えて練習してみよう

日语 Rìyǔ	英语 Yīngyǔ	法语 Fǎyǔ	韩语 Hányǔ
很好 hěn hǎo	特别好 tèbié hǎo	非常好 fēicháng hǎo	不怎么好 bù zěnme hǎo

Point 「できる」を表す"会"と"能"

動詞の前に置く助動詞には「できる」ことを表すものがいくつかあります。

①「学習や練習によって習得してできる」"会 huì"
　我会说汉语。Wǒ huì shuō Hànyǔ.（私は中国語が話せます。）
　我会开车。Wǒ huì kāichē.（私は車の運転ができます。）

②「能力があってできる」「条件や環境が整っていてできる」"能 néng"
　我能游一千米。Wǒ néng yóu yìqiān mǐ.（私は 1000 メートル泳げます。）
　下雪了，今天不能开车。Xià xuě le, jīntiān bù néng kāichē.（雪が降ったので運転できません。）

14-2 どのくらいできるか言える

 聞いてみよう

山田くんはどれぐらい泳げるのでしょうか。

🔊130

A: 你 会 游泳 吗?
　　Nǐ huì yóuyǒng ma?

B: 会 一点儿, 游得 不 太 好。
　　Huì yìdiǎnr, yóude bú tài hǎo.

🔊131

単語Check
- □ 游泳 yóuyǒng（泳ぐ）
- □ 游 yóu（泳ぐ）
- □ 米 mǐ（メートル）

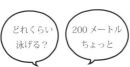

A: 能 游 多少 米?
　　Néng yóu duōshao mǐ?

B: 能 游 二百 多 米。
　　Néng yóu èrbǎi duō mǐ.

置き換えてみよう　下線部を置き換えて練習してみよう

| 三百 sānbǎi | 四百 sìbǎi | 五百 wǔbǎi | 六百 liùbǎi |
| 七百 qībǎi | 一千 yìqiān | 两千 liǎngqiān | 三千 sānqiān |

様態補語

"说得不好 shuōde bù hǎo"「話すのがうまくない」、"游得不太好 yóude bú tài hǎo"「泳ぐのがあまりうまくない」のように、動作の様子や状態を表す補語を様態補語と言います。「動詞＋"得"＋（副詞＋）形容詞」の語順で、動詞の後の"得"が動作の補足をする形容詞を導き、「〜するのが…だ」という意味になります。否定形は形容詞の前に"不"を置きます。なお目的語がある場合には、次のような語順になり、同じ動詞を2回繰り返します。

　主語＋（動詞＋）目的語＋動詞＋"得"＋（副詞＋）形容詞
　她（唱）歌唱得很好。Tā (chàng) gē chàngde hěn hǎo.（彼女は歌を歌うのが上手です。）

言ってみよう

14-1

A: 中国語は話せますか？
B: 少し話せますが、下手です。

A: 私の言ってることが聞き取れますか？
B: もう少しゆっくり話してください。

14-2

A: あなたは泳げますか？
B: 少し泳げますが、あまりうまくありません。

A: どれくらい泳げますか？
B: 200メートルちょっと泳げます。

練習してみよう

▶それぞれのスポーツについて自分がどれぐらいできるか言ってみよう

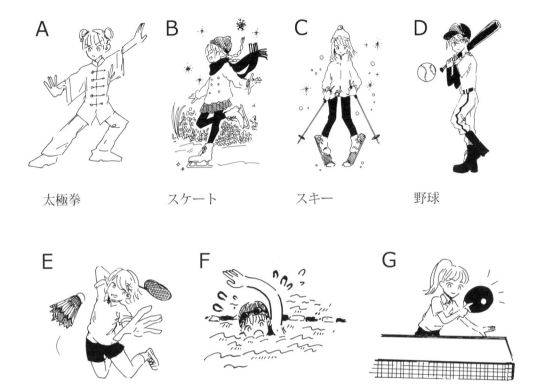

A 太極拳　B スケート　C スキー　D 野球

E バドミントン　F 水泳　G 卓球

▶クラスメイトにどんなスポーツがどのくらいできるか聞いてみよう

単語＆表現　程度を表す言葉

最 zuì（最も、いちばん）
真 zhēn（本当に）
太 tài（すごく）
很 hěn（とても）
更 gèng（さらに）

还 hái（さらに、なお一層）
十分 shífēn（十分に）
非常 fēicháng（非常に、極めて）
特別 tèbié（とりわけ、特に）
不怎么 bù zěnme（大して…でない）

UNIT 15 予定と約束

15-1 約束ができる

 聞いてみよう

二人は夏休みにディズニーランドに行く約束をしたようです。

 132　　　 133

A: 暑假 你 打算 去 哪儿 玩儿?
　　Shǔjià nǐ dǎsuàn qù nǎr wánr?

B: 我 打算 去 东京 迪士尼乐园。
　　Wǒ dǎsuàn qù Dōngjīng Díshìní lèyuán.

単語 Check
- 暑假 shǔjià（夏休み）
- 打算 dǎsuàn（…するつもり）
- 玩儿 wánr（遊ぶ）
- 迪士尼乐园 Díshìní lèyuán（ディズニーランド）
- 想 xiǎng（～したい）
- 一起 yìqǐ（一緒に）

A: 我 也 想 去!
　　Wǒ yě xiǎng qù!

B: 那, 我们 一起 去 吧!
　　Nà, wǒmen yìqǐ qù ba!

 置き換えてみよう　下線部を置き換えて練習してみよう

| 东京迪士尼海洋 | 大阪环球影城 | 横滨中华街 |
| Dōngjīng díshìní hǎiyáng | Dàbǎn huánqiúyǐngchéng | Héngbīn Zhōnghuájiē |

动物园　　　　　美术馆
dòngwùyuán　　　měishùguǎn

Point　「…するつもり」の助動詞…"想 / 要 / 打算"

助動詞は動詞の前に置いて、話し手の主体的な判断を表します。「…するつもりだ、…したい」という意志・願望を表す"想 xiǎng / 要 yào"の両者の意志・願望の度合いを比べてみると、"要"＞"想"というイメージです。さらに"打算 dǎsuàn"は「…するつもりである、…する予定である」と具体的です。

　我想去中国留学。Wǒ xiǎng qù Zhōngguó liúxué.（私は中国に留学に行きたい。→行きたいなあ）
　我要去中国留学。Wǒ yào qù Zhōngguó liúxué.（私は中国に留学に行きたい。→きっと行くぞ）
　我打算去中国留学。Wǒ dǎsuàn qù Zhōngguó liúxué.（私は中国に留学に行くつもりだ。→行く予定だ）

"想"と"要"の否定はいずれも「主語＋"不想"＋動詞＋目的語」の形になります。

　我不想去中国留学。Wǒ bù xiǎng qù Zhōngguó liúxué.（私は中国に留学に行きたくありません。）

15-2 待ち合わせができる

 聞いてみよう

電話で高橋さんは張さんと待ち合わせの約束をしています。

A: 喂，小张，明天几点去新宿?
　　Wéi, Xiǎo-Zhāng, míngtiān jǐ diǎn qù Xīnsù?

B: <u>下午 两点</u>，怎么样?
　　Xiàwǔ liǎng diǎn, zěnmeyàng?

単語 Check

☐ 喂 wéi（もしもし）
☐ 小 Xiǎo
　（["小"+一字姓の形で
　親しみを込めて]～くん、
　～ちゃん）
☐ 新宿 Xīnsù
　（(固有) 新宿）
☐ 下午 xiàwǔ（午後）
☐ 怎么样 zěnmeyàng
　（どのように）
☐ 见面 jiàn//miàn
　（会う）
☐ 车站 chēzhàn
　（駅、バス停）
☐ 见 jiàn（会う）

A: 好啊，在哪儿见面?
　　Hǎo a, zài nǎr jiànmiàn?

B: 在<u>新宿 车站</u>见吧。
　　Zài Xīnsù chēzhàn jiàn ba.

置き換えてみよう 　下線部を置き換えて練習してみよう

| 原宿 | 涩谷 | 梅田 | 难波 |
| Yuánsù | Sègǔ | Méitián | Nánbō |

| 车站 | 原宿站 | 东口 | 南口 | 西口 | 北口 |
| chēzhàn | Yuánsù zhàn | dōngkǒu | nánkǒu | xīkǒu | běikǒu |

待ち合わせの決まり文句

今回は時間（几点 jǐ diǎn?）と場所（在哪儿? zài nǎr?）を決めましたが、ほかの約束の言い方も覚えましょう。

七点左右，怎么样? Qī diǎn zuǒyòu, zěnmeyàng?（7時頃はどうですか。）

你什么时候方便? Nǐ shénme shíhou fāngbiàn?（いつが都合がいいですか。）

明白了。Míngbai le.（わかりました。）

那就这样吧! Nà jiù zhèyang ba!（じゃあ、そうしましょう。）

不见不散! Bú jiàn bú sàn!（来るまで待ってるよ。）

💬 言ってみよう

15-1

A: 夏休みはどこに遊びに行くつもり？
B: 東京ディズニーランドに行くつもり。

A: 私も行きたい。
B: じゃあ一緒に行きましょう。

15-2

A: もしもし、張さん、明日何時に新宿行く？
B: 2時でどう？。

A: いいよ、どこで会う？
B: 新宿駅で会いましょう。

練習してみよう

▶下のA~Cの場所で、待ち合わせの約束をしてみよう

A

夜7時
映画館の中

B

午前10時
遊園地

C

午後3時
書店の入り口

▶行きたい場所を調べて中国語で言ってみよう

単語&表現　待ち合わせの場所

梅田 Méitián（梅田）
难波 Nánbō（難波）
心斎桥 Xīnzhāiqiáo（心斎橋）
原宿 Yuánsù（原宿）
涩谷 Sègǔ（渋谷）
新宿 Xīnsù（新宿）
〇〇站 ~zhàn（~駅）

车站 chēzhàn（駅・バス停）
东口 dōngkǒu（東口）
南口 nánkǒu（南口）
西口 xīkǒu（西口）
北口 běikǒu（北口）
门口 ménkǒu（入口）

UNIT 16　訪問

16-1 友人宅を訪問して挨拶できる

聞いてみよう

山田くんは張さんの家に遊びに行きました。ちゃんと挨拶ができるでしょうか。

📢136　　単語 *Check*　📢137

A：阿姨　好！
　　Āyí　　hǎo!

B：山田　来　了，快　请进！
　　Shāntián lái le, kuài qǐng jìn!

（こんにちは！／いらっしゃい 入って）

A：不　好　意思，打扰　您　了！
　　Bù hǎo yìsi, dǎrǎo nín le!

B：不　打扰，来，喝点儿　茶　吧
　　Bù dǎrǎo, lái, hē diǎnr chá ba.

（お邪魔します／お茶をどうぞ）

単語 Check
- 阿姨 āyí（［子供が母親と同じ年頃の女性に対して］おばさん）
- 快 kuài（［速度が］速い）
- 请 qǐng（どうぞ～してください）
- 进 jìn（入る）
- 打扰 dǎrǎo（邪魔する）
- 喝 hē（飲む）
- 茶 chá（お茶）

Point　"请 qǐng"を使った文「どうぞ～してください。」

"请 qǐng"は「頼む、お願いする」という意味の動詞です。「どうぞよろしくお願いします」は、"请多关照。Qǐng duō guānzhào."でしたね。このように人に何かを頼む、お願いする場合に使いますが、このときは英語のpleaseのように、文頭に置きます。決まり文句を覚えましょう。

请问。Qǐngwèn.（ちょっとお尋ねします。）
请坐。Qǐng zuò.（お座りください。）
请等一下。Qǐng děng yíxià.（少々お待ちください。）
请喝茶。Qǐng hē chá.（お茶をどうぞ。）
请再说一遍。Qǐng zài shuō yí biàn.（もう一度言ってください。）

16-2 友人宅から帰る

 聞いてみよう

時間も遅くなったので、そろそろおいとまの挨拶をします。

A: 太晚了，我该走了。
Tài wǎn le, wǒ gāi zǒu le.

B: 以后常来玩儿。
Yǐhòu cháng lái wánr.

A: 请留步，不用送了。
Qǐng liúbù, búyòng sòng le.

B: 好，不远送，你慢走。
Hǎo, bù yuǎn sòng, nǐ màn zǒu.

単語Check

- 晚 wǎn（[時間が]遅い）
- 该 gāi（～すべきである）
- 以后 yǐhòu（以後）
- 常 cháng（いつも、よく）
- 留步 liúbù（見送りには及ばない）
- 不用 búyòng（～するには及ばない）
- 送 sòng（見送る）

UNIT 16

Point 訪問・接待時の決まり文句

以下に示した決まり文句も覚えておくと役に立ちます。

别忙了！Bié máng le!（おかまいなく。）

别客气！多吃点儿！Bié kèqì! Duō chī diǎnr!（遠慮しないで、たくさん食べて。）

时间不早了。Shíjiān bù zǎo le.（遅くなりました。）

再坐一会儿吧！Zài zuò yíhuìr ba!（もう少しゆっくりしていって。）

真的该走了。Zhēn de gāi zǒu le.（本当にもう帰らなければ。）

谢谢你们的热情款待！Xièxie nǐmen de rèqíng kuǎndài!（おもてなし、ありがとうございました。）

言ってみよう

16-1

A: おばさん、こんにちは！
B: 山田くん、いらっしゃい。早く入って。

A: お邪魔しちゃって、すみません。
B: 邪魔だなんて。さあ、お茶をどうぞ。

16-2

A: 遅くなったので、失礼しなければ。
B: これからちょくちょく遊びに来てね。

A: どうぞそのままで、見送りはけっこうです。
B: ではこのへんで。気をつけて。

練習してみよう

▶下のA～Cの場所で、中国語でどう挨拶するか言ってみよう

A

近所のおじさんに…

B

たくさんの人に…

C

先生に…

▶下のA～Dの場所で、中国語ではどういうか言ってみよう

A

「お入りください。」に対して、「お招きいただきありがとうございます。」

B

お客さんに対して
お茶をすすめる

C

時計を見て
「遅くなったので帰ります。」

D

別れの挨拶

▶次の場合、中国語ではどういうか言ってみよう

道を尋ねるために声をかけたい。

「ちょっと待って欲しい」と相手に伝える。

何を言ったか早くて聞き取れなかったので「もう一度言ってください」。

相手に「お座り下さい」と着席を促す。

UNIT 16

UNIT 17 経験

17-1 映画を見たことがあるか尋ねることができる

 聞いてみよう

李くんは高橋さんを映画に誘いたいようです。

🔊 140　　単語 Check 🔊 141

A: 你 看过 中国 电影 吗？
　　Nǐ kànguo Zhōngguó diànyǐng ma?

B: 我 没 看过 中国 电影。
　　Wǒ méi kànguo Zhōngguó diànyǐng.

- 看 kàn（見る、読む）
- 电影 diànyǐng（映画）
- 周末 zhōumò（週末）

A: 那，这个 周末 一起 去 看 吧。
　　Nà, Zhèige zhōumò yìqǐ qù kàn ba.

B: 好 啊。
　　Hǎo a.

 置き換えてみよう　　下線部を置き換えて練習してみよう

吃　喝　去　学　など、これまで学んだ動詞を使って何をやったことがあるか、やったことがないか聞いてみよう

Point　経験を表す"过"

「～したことがある」と過去における経験を表すには、動詞のすぐ後に"过 guo"をつけます。

　我去过。Wǒ qùguo.（私は行ったことがある。）

経験した回数は"过"と目的語の間に置きます（目的語が地名の場合はその後ろに置いてもよい）。よく使われるのが回数を表す量詞の"次 cì"で、「1回」は"一次"、「2回」は"两次"。

　我去过一次中国。Wǒ qùguo yí cì Zhōngguó.
　我去过中国一次。Wǒ qùguo Zhōngguó yí cì.（私は中国に1回行ったことがある。）

また、「～したことがない」という否定形は「"没（有）"＋ 動詞 ＋ "过"」となり、「まだ～したことがない」と言う場合には、「"还没（有）"＋動詞＋"过"」となります。

17-2 旅行に行ったことがあるか話すことができる

聞いてみよう

高橋さんは中国に行ったことがあるのでしょうか。

A: 你 去过 中国 吗?
　　Nǐ qùguo Zhōngguó ma?

B: 我 去过 一次 中国。
　　Wǒ qùguo yí cì Zhōngguó.

単語Check
- □ 去 qù（行く）
- □ 次 cì（〜回）
- □ 上海 Shànghǎi（上海）
- □ 还 hái（まだ）

A: 你 去过 上海 吗?
　　Nǐ qùguo Shànghǎi ma?

B: 我 还 没 去过。
　　Wǒ hái méi qùguo.

置き換えてみよう　下線部を置き換えて練習してみよう

| 北京 Běijīng | 天津 Tiānjīn | 上海 Shànghǎi | 洛阳 Luòyáng | 敦煌 Dūnhuáng |
| 大连 Dàlián | 广州 Guǎngzhōu | 成都 Chéngdū | 香港 Xiānggǎng | 台北 Táiběi |

我还没（有）去过中国。Wǒ hái méi(you) qùguo Zhōngguó（私はまだ中国に行ったことがない。）

「行ったことがあるかないか」を聞く疑問文は"吗"を置く場合と文末に"没有"を置く反復疑問文の2通りがあります。

你去过中国吗? Nǐ qùguo Zhōngguó ma?

你去过中国没有? Nǐ qùguo Zhōngguó méiyǒu?（あなたは中国に行ったことがありますか。）

さらに「何回行ったことがあるか」を聞きたい場合は"几次"を入れます。

你去过几次中国? Nǐ qùguo jǐ cì Zhōngguó?（あなたは何回中国に行ったことがありますか。）

言ってみよう

17-1

A: 中国映画を見たことある？
B: 中国映画は見たことない。

A: じゃ、この週末いっしょに見に行こう。
B: いいよ。

17-2

A: 中国に行ったことはある？
B: 中国に1回行ったことがある。

A: 上海には行ったことがある？
B: まだ行ったことがない。

練習してみよう

▶世界地図を見ながら行ったことがある、ないを言ってみよう

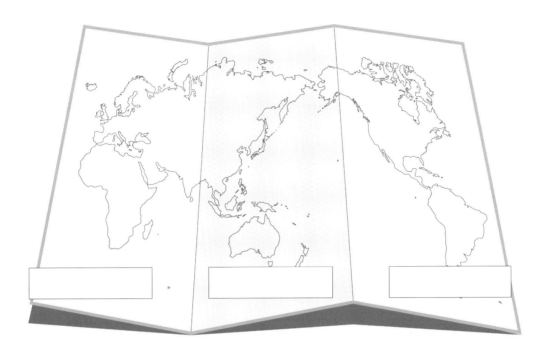

単語 & 表現 国名

美国 Měiguó（アメリカ）
阿根廷 Āgēntíng（アルゼンチン）
英国 Yīngguó（イギリス）
意大利 Yìdàlì（イタリア）
印度 Yìndù（インド）
印度尼西亚 Yìndùníxīyà（インドネシア）
埃及 Āijí（エジプト）
澳大利亚 Àodàlìyà（オーストラリア）
荷兰 Hélán（オランダ）
加拿大 Jiānádà（カナダ）
韩国 Hánguó（韓国）
朝鲜 Cháoxiǎn（北朝鮮）
沙特阿拉伯 Shātè Ālābó（サウジアラビア）
新加坡 Xīnjiāpō（シンガポール）
瑞士 Ruìshì（スイス）

西班牙 Xībānyá（スペイン）
泰国 Tàiguó（タイ）
德国 Déguó（ドイツ）
土耳其 Tǔ'ěrqí（トルコ）
新西兰 Xīnxīlán（ニュージーランド）
菲律宾 Fēilǜbīn（フィリピン）
巴西 Bāxī（ブラジル）
法国 Fǎguó（フランス）
越南 Yuènán（ベトナム）
葡萄牙 Pútáoyá（ポルトガル）
马来西亚 Mǎláixīyà（マレーシア）
南非 Nánfēi（南アフリカ）
缅甸 Miǎndiàn（ミャンマー）
墨西哥 Mòxīgē（メキシコ）
俄罗斯 Éluósī（ロシア）

UNIT 18 料理

18-1 食事について話せる

 聞いてみよう

李くんは高橋さんに朝食に何を食べたか尋ねています。

♪144

A: 你 早饭 吃了 什么？
　　Nǐ zǎofàn chīle shénme?

B: <u>面包、鸡蛋 和 牛奶</u>。你 呢？
　　Miànbāo, jīdàn hé niúnǎi. Nǐ ne?

単語 Check ♪145
- 早饭 zǎofàn（朝食）
- 面包 miànbāo（パン）
- 鸡蛋 jīdàn（[ニワトリの]卵）
- 牛奶 niúnǎi（牛乳）
- 还 hái（まだ）
- 饼干 bǐnggān（ビスケット）

A: 我 还 没 吃。
　　Wǒ hái méi chī.

B: 我 有 饼干，你 要 不 要
　　Wǒ yǒu bǐnggān, nǐ yào bu yào

　　吃 一点儿？
　　chī yìdiǎnr?

 置き換えてみよう 　下線部を置き換えて練習してみよう

| 香蕉 | 苹果 | 米饭 | 火腿 | 培根 |
| xiāngjiāo | píngguǒ | mǐfàn | huǒtuǐ | péigēn |

Point 「～した」完了・実現の"了"

実現・完了を表すには助詞"了 le"を使います。

①目的語がない場合:「主語＋動詞＋"了"」
　我喝了。Wǒ hē le.（私は飲みました。）

②目的語に修飾語がない場合:「主語＋動詞＋目的語＋"了"」
　我喝咖啡了。Wǒ hē kāfēi le.（私はコーヒーを飲みました。）

③目的語に修飾語がある場合:「主語＋動詞＋"了"＋数詞＋量詞＋目的語」
　我喝了一杯咖啡。Wǒ hēle yì bēi kāfēi.（私はコーヒーを1杯飲みました。）

否定形は"没（有）"を動詞の前に置きます。
　我没（有）喝咖啡。Wǒ méi(you) hē kāfēi.（私はコーヒーを飲みませんでした／飲んでいません。）

18-2 料理の味について話せる

聞いてみよう

本場の麻婆豆腐はどれくらい辛いのでしょうか。

🔊146

A: 你 喜欢 吃 什么?
   Nǐ xǐhuan chī shénme?

B: 我 喜欢 吃 <u>麻婆豆腐</u>。
   Wǒ xǐhuan chī mápó dòufu.

A: <u>麻婆豆腐 很 辣</u> 吧?
   Mápó dòufu hěn là ba?

B: 有点儿 辣, 但 真 好吃。
   Yǒudiǎnr là, dàn zhēn hǎochī.

単語 Check 🔊147
- □ 麻婆豆腐 mápó dòufu（麻婆豆腐）
- □ 辣 là（辛い）
- □ 有点儿 yǒudiǎnr（少し）
- □ 但 dàn（しかし）
- □ 真 zhēn（本当に）
- □ 好吃 hǎochī（［食べ物が］おいしい）

置き換えてみよう　下線部を置き換えて練習してみよう

| 甜 | 咸 | 辣 | 酸 | 苦 |
| tián | xián | là | suān | kǔ |

"有点儿"と"一点儿"

"吃一点儿"「少し食べる」と"有点儿辣"「少し辛い」という表現が出てきました。"一点儿"と"有点儿"は、日本語に訳すとどちらも「ちょっと」という意味ですが、使い方が異なります。

一点儿	有点儿
形容詞＋"一点儿" 動詞＋"一点儿"＋名詞	"有点儿"＋形容詞 "有点儿"＋動詞
客観的	主観的
比較した差が「ちょっと」	マイナスイメージで「ちょっと」 （後につく形容詞・動詞は否定的・消極的なものが多い）

言ってみよう

18-1

A: 朝ご飯は何を食べたの？
B: パンと卵と牛乳。あなたは？

A: まだ食べてない。
B: ビスケットがあるから、ちょっと食べない？

18-2

A: 食べ物は何が好き？
B: 麻婆豆腐が好き。

A: 麻婆豆腐は辛いでしょう？
B: ちょっと辛いけど、すごくおいしい。

練習してみよう

▶朝食に何を食べたか言ってみよう

A　　　　　　　　B　　　　　　　　C

E　　　　　　　　F　　　　　　　　G

▶次の単語は中国の朝食の定番ですが、どんなものか調べてみよう

豆浆 dòujiāng

豆花 dòuhuā

馒头 mántou

包子 bāozi

煎饼 jiānbǐng

油条 yóutiáo

粥 zhōu

烧饼 shāobing

UNIT 19 ファッション

19-1 身に着けているものについて話せる

🔊 聞いてみよう

李くんは高橋さんに好みの靴をきいていますが、プレゼントでもするのでしょうか？

A: 你 喜欢 运动鞋 还是 皮鞋？
　　Nǐ xǐhuan yùndòngxié háishi píxié?

B: 我 喜欢 运动鞋。
　　Wǒ xǐhuan yùndòngxié.

単語 Check 🔊149
- □ 运动鞋 yùndòngxié（スニーカー）
- □ 还是 háishi（それとも）
- □ 皮鞋 píxié（革靴）
- □ 颜色 yánsè（色）
- □ 鞋 xié（靴）
- □ 黑色 hēisè（黒）

A: 你 喜欢 什么 颜色 的 鞋？
　　Nǐ xǐhuan shénme yánsè de xié?

B: 我 喜欢 黑色 的。
　　Wǒ xǐhuan hēisè de.

💬 置き換えてみよう　下線部を置き換えて練習してみよう

| 裙子 | 裤子 | 毛衣 | T恤衫 | 帽子 | 围巾 |
| qúnzi | kùzi | máoyī | Txùshān | màozi | wéijīn |

| 白色 | 蓝色 | 红色 | 粉色 | 绿色 |
| báisè | lánsè | hóngsè | fěnsè | lǜsè |

Point　選択疑問文

「A＋"还是"＋B？」の形で「Aですか、それともBですか」とどちらを選ぶかを問う疑問文です。

你喜欢运动鞋还是喜欢皮鞋？ Nǐ xǐhuan yùndòngxié háishi xǐhuan píxié?
　（スニーカーが好きですか、それとも革靴が好きですか。）

動詞が"是"の場合は、"还是"と"是"が重複しないように、"是"を省略します。

她是高中生还是大学生？ Tā shì gāozhōngshēng háishi dàxuéshēng?
　（彼女は高校生ですか、それとも大学生ですか。）

19-2 身に着けているものをほめることができる

聞いてみよう

今日はおしゃれをしている高橋さん、何かあるのでしょうか？

スカートすてき / 買ったばかり

A: 你 的 裙子 真 好看!
　　Nǐ de qúnzi zhēn hǎokàn!

B: 谢谢! 是 我 周末 刚 买 的。
　　Xièxie! Shì wǒ zhōumò gāng mǎi de.

150

単語Check 151
- 裙子 qúnzi （スカート）
- 好看 hǎokàn （[見た目が]きれい、美しい）
- 刚 gāng （～したばかり）
- 买 mǎi（買う）
- 项链 xiàngliàn （ネックレス）

ネックレスも / 私も気に入ってる

A: 你 的 项链 也 很 好看。
　　Nǐ de xiàngliàn yě hěn hǎokàn.

B: 是 吗? 我 也 很 喜欢。
　　Shì ma? Wǒ yě hěn xǐhuan.

置き換えてみよう　下線部を置き換えて練習してみよう

很合适	非常漂亮	特别好	不错
hěn héshì	fēicháng piàoliang	tèbié hǎo	búcuò

"是～的"構文

すでに完了・実現した行為について、時（いつ）、場所（どこで）、方法（どのように）、動作主（誰が行ったか）などについて質問、説明する場合には、"是～的"構文を使います。"(这)是我周末刚买的。(zhè) Shì wǒ zhōumò gāng mǎi de."「(これは)週末に買ったばかりなのです。」と、日本語にする時には「～したのです」と訳すことが多いです。

肯定文、疑問文は"是"を省略できますが、否定文は"是"を省略できません。目的語は通常"的"の後ろに置きます。

她（是）去年夏天来的日本。（彼女は去年の夏に日本に来たのです。）
她不是去年夏天来的日本。（彼女は去年の夏に日本に来たのではありません。）

💬 言ってみよう

19-1

A: スニーカーが好き？それとも革靴が好き？
B: スニーカーが好き。

A: どんな色の靴が好き？
B: 黒いのが好き。

19-2

A: あなたのスカートは本当にすてき。
B: ありがとう！週末に買ったばかりなの。

A: ネックレスもとてもきれい。
B: そう？私も気に入っているの。

練習してみよう

▶ イラストの人物の服装を説明してみよう

※印刷の濃淡やカラー情報ではなく、記載している色で判断してください。

▶ クラスメイトと服装や好みについて話してみよう

単語＆表現 色

蓝色 lánsè（青）
红色 hóngsè（赤）
黄色 huángsè（黄）
绿色 lǜsè（緑）
紫色 zǐsè（紫）

咖啡色 kāfēisè（茶）
粉红色 fěnhóngsè（ピンク）
灰色 huīsè（灰）
黑色 hēisè（黒）
白色 báisè（白）

UNIT 20 場所

20-1 場所を説明できる①

 聞いてみよう

高橋さんは留学に来たばかりの李くんに教室の場所を教えています。

📢 152

A：图书室 在 哪儿?
　　Túshūshì zài nǎr?

B：在 楼上。
　　Zài lóushàng.

A：你们 的 教室 在 哪儿?
　　Nǐmen de jiàoshì zài nǎr?

B：在 图书室 的 旁边。
　　Zài túshūshì de pángbiān.

📢 153

単語 Check
- □ 图书室 túshūshì（図書室）
- □ 楼上 lóushàng（階上）
- □ 教室 jiàoshì（教室）
- □ 旁边 pángbiān（そば、傍ら）

Point 場所を示す…方位詞

方位詞は場所・位置・方向を表す言葉です。

	上 shàng	下 xià	里 lǐ	外 wài	前 qián	后 hòu	左 zuǒ	右 yòu
边 bian	上边 うえ	下边 した	里边 内/内側	外边 外/外側	前边 まえ	后边 うしろ	左边 ひだり	右边 みぎ
面 miàn	上面 上/上側	下面 下/下側	里边 内/内側	外边 外/外側	前面 前側	后面 後ろ側	左面 左側	右面 右側

	东 dōng	南 nán	西 xī	北 běi		
边 bian	东边 東	南边 南	西边 西	北边 北	旁边 pángbiān そば/となり	
面 miàn	东面 東側	南面 南側	西面 西側	北面 北側		对面 duìmiàn 正面/向かい

112

20-2 場所を説明できる②

 聞いてみよう

高橋さんは見知らぬ中国人に道を聞かれましたが、ちゃんと答えられるでしょうか。

🔊154　　　🔊155

A: 请问，这 附近 有 超市 吗？
　　Qǐngwèn, zhè fùjìn yǒu chāoshì ma?

B: 有，就 在 前面。
　　Yǒu, jiù zài qiánmiàn.

単語Check
- □ 请问 qǐngwèn（すみません、お尋ねしますが）
- □ 附近 fùjìn（近く、付近）
- □ 超市 chāoshì（スーパーマーケット）
- □ 前面 qiánmiàn（前、先、前方）
- □ 邮局 yóujú（郵便局）
- □ 对面 duìmiàn（向かい、真正面）

A: 这 附近 有 邮局 吗？
　　Zhè fùjìn yǒu yóujú ma?

B: 有，在 超市 的 对面。
　　Yǒu, zài chāoshì de duìmiàn.

 **置き換えてみよう**　下線部を置き換えて練習してみよう

| 银行 yínháng | 学校 xuéxiào | 书店 shūdiàn |

便利店 biànlìdiàn　　车站 chēzhàn

強調の副詞 "就"

"就在前面。Jiù zài qiánmiàn."（前にあります）という文で、"就" は動詞の前に置き「ほかでもない」と事実を強調する役割があります。

我就是高桥。Wǒ jiù shì Gāoqiáo.（私が高橋です。）

你看，那就是富士山。Nǐ kàn, nà jiùshì Fùshìshān.（見て、あれが富士山です。）

言ってみよう

20-1

A: 図書室はどこですか。
B: 上の階です。

A: あなたたちの教室はどこですか。
B: 図書室の隣です。

20-2

A: この近くにスーパーはありますか。
B: あります。前にあります。

A: この近くに郵便局はありますか。
B: スーパーの向かい側にあります。

練習してみよう

▶地図を見て建物の場所を言ってみよう

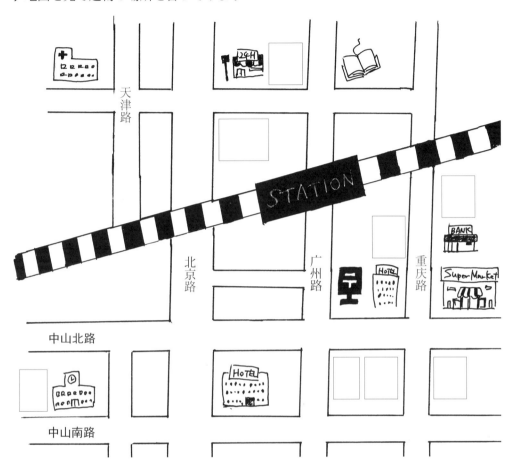

▶地図の中にある□に適当な建物を書き入れ、クラスメイトと何がどこにあるか話してみよう

単語＆表現　建物

银行 yínháng（銀行）
邮局 yóujú（郵便局）
医院 yīyuàn（病院）
饭店 fàndiàn（ホテル）
学校 xuéxiào（学校）
大学 dàxué（大学）
高中 gāozhōng（高校）
初中 chūzhōng（中学）
小学 xiǎoxué（小学）
幼儿园 yòu'éryuán（幼稚園）
电影院 diànyǐngyuàn（映画館）
书店 shūdiàn（書店）

天桥 tiānqiáo（歩道橋）
公园 gōngyuán（公園）
便利店 biànlìdiàn（コンビニ）
车站 chēzhàn（駅・停留所）
地铁站 dìtiězhàn（地下鉄の駅）
火车站 huǒchēzhàn（列車の駅）
〜站 zhàn…东京站／北京站
超市 chāoshì（スーパー）
〜路 lù…中山路／北京路
路口 lùkǒu（交差点）
十字路口 shízì lùkǒu（十字路）
丁字路口 dīngzì lùkǒu（T字路）

UNIT 20

UNIT 21 天気

21-1 天気について言える①

聞いてみよう

明日の天気と気温はどうなのでしょうか。

A：明天 天气 怎么样？
　Míngtiān tiānqì zěnmeyàng?

B：明天 是 晴天。
　Míngtiān shì qíngtiān.

単語 Check 🔊157
- □ 天气 tiānqì（天気）
- □ 晴天 qíngtiān（晴れ）
- □ 气温 qìwēn（気温）
- □ 度 dù（～度、～℃）
- □ 比 bǐ（～より）
- □ 高 gāo（高い）

A：气温 呢？
　Qìwēn ne?

B：<u>28 度</u>，比 今天 <u>高 一点儿</u>。
　Èrshíbā dù, bǐ jīntiān gāo yìdiǎnr.

置き換えてみよう　下線部を置き換えて練習してみよう

| 晴天 qíngtiān | 多云 duōyún | 小雨 xiǎoyǔ | 大雨 dàyǔ | 小雪 xiǎoxuě |
| 零下3度 língxià sān dù | 36度 sānshíliù dù | 低一点儿 dī yìdiǎnr | 高5度 gāo wǔ dù | |

Point 比較表現

① 「A＋"比"＋B＋形容詞＋（比較した差）」（AはBより～だ）
　明天气温比今天高一点儿。Míngtiān qìwēn bǐ jīntiān gāo yìdiǎnr.（明日の気温は今日より少し高い。）
　今天温度比昨天高三度。Jīntiān wēndù bǐ zuótiān gāo sān dù.（今日の温度は昨日より3度高い。）

② 「A＋"没有"＋B＋（这么/那么）形容詞」（AはBほど（こんなに/そんなに）～ではない）
　今天没有昨天热。Jīntiān méiyou zuótiān rè.（今日は昨日ほど暑くない。）

③ 「A＋"跟"＋B＋"一样"（＋形容詞）」AはBと同じくらい（～）だ
　今天跟昨天一样冷。Jīntiān gēn zuótiān yíyàng lěng.（今日は昨日と同じぐらい寒い。）

21-2 天気について言える②

 聞いてみよう

張さんは出かける前にお母さんと天気の話をしています。

158

A: 今天 天气 怎么样？
　　Jīntiān tiānqì zěnmeyàng?

B: 听说 晚上 下雨。
　　Tīngshuō wǎnshang xià yǔ.

単語 Check 159

☐ 听说 tīng//shuō
（[聞くところによると]
～だそうだ）

☐ 晚上 wǎnshang（夜）

☐ 下雨 xià yǔ
（雨が降る）

☐ 带 dài
（携帯する、持つ）

☐ 伞 sǎn（傘）

A: 是 吗，你 带着 伞 呢 吗？
　　Shì ma, nǐ dàizhe sǎn ne ma?

B: 带着 呢。
　　Dàizhe ne.

置き換えてみよう　下線部を置き換えて練習してみよう

早上	上午	中午	下午	晚上
zǎoshang	shàngwǔ	zhōngwǔ	xiàwǔ	wǎnshang

下雨	下雪	刮风	打雷
xià yǔ	xià xuě	guā fēng	dǎ//léi

状態を表す"着"「～ている」

　助詞"着 zhe"にはいくつかの用法がありますが、「動詞＋"着"＋名詞（動作の対象）」の形で、どのような状態で存在しているかを表します。

　21-2 の"你带着伞呢吗？ Nǐ dàizhe sǎn ne ma?"（傘を持っているのですか。）という文では、「持っている」という所有の意味の"有 yǒu"よりもはっきりと、"带 dài"（身に付ける）＋"着"で「身に付けている＝持っている」状態を表しています。

言ってみよう

21-1

A: 明日の天気はどうですか？
B: 明日は晴れです。

A: 気温は？
B: 28度で、今日より少し高いです。

21-2

A: 今日の天気はどうですか？
B: 夜、雨が降るそうです。

A: そう。傘を持ちましたか？
B: 持っています。

練習してみよう

▶次のイラストを見ながらそれぞれの地点の天気や気温を言ってみよう
　さらに今日の気温と比べてどれぐらい差があるかも言ってみよう

A

大阪　雨　18℃

B

北京　雪　-1℃

C

東京　晴　28℃

D

沖縄　晴　36℃

▶今日の天気、気温についてクラスメイトと話してみよう

単語＆表現　天気・気温・感じ方

下雨 xià yǔ（雨が降る）
下雪 xià xuě（雪が降る）
刮风 guā fēng（風が吹く）
晴天 qíngtiān（晴天）
小雨 xiǎoyǔ（小雨）
大雨 dàyǔ（大雨）

〜度 dù（〜℃）
零下九度 língxià jiǔ dù（-9℃）
十八度 shíbā dù（18℃）
热 rè（暑い）⇔冷 lěng（寒い）
暖和 nuǎnhuo（暖かい）⇔凉快 liángkuai（涼しい）
高 gāo（気温が高い）⇔低 dī（低い）

UNIT 22 お金

22-1 価格について話せる

📻 聞いてみよう

張さんと高橋さんは街に買い物に出かけたようです。

🔊 160

A: 这个 钱包 多少 钱?
　 Zhèige qiánbāo duōshao qián?

B: 两千 三百 日元。
　 Liǎngqiān sānbǎi rìyuán.

（財布 いくら？）（2300円）

A: 人民币 多少 钱?
　 Rénmínbì duōshao qián?

B: 大约 一百 六十 块 左右。
　 Dàyuē yìbǎi liùshí kuài zuǒyòu.

（中国元だと？）（約160元）

単語 Check 🔊 161

- □ 钱包 qiánbāo（財布）
- □ 多少钱 duōshao qián（いくら）
- □ 日元 rìyuán（日本円）
- □ 人民币 rénmínbì（人民元）
- □ 大约 dàyuē（約、およそ）
- □ 块 kuài（[中国の通貨単位] ～元）

Point 数字の表現…3ケタ以上の数字

3ケタ以上の0のルール

・101のように3ケタ以上の間に0が入る場合は"零"を入れます。"一百零一"
・1001のように0が複数続く場合でも"零"は1つ入れるだけです。"一千零一"
・110のように末尾が0の場合は"一百一（十）"のように"十"を省略できます。ただし1010のように、4ケタ以上の数字で末尾が0であっても、位が飛んでいる場合は"一千零一十"のようになり省略できません。
・3ケタ以上であっても300、1100のように最後に0が続く場合は、"三百"、"一千一（十）"のように後ろに来る位を省略することができます。

"二"か"两"か

「2」を表す中国語には"二"と"两"がありますが、3ケタ以上の数字に「2」が現れる場合には、"两"を使うことがあります。
・200は"二百"もしくは"两百"いずれも可能です。
・2000のように4ケタ以上の先頭の2は"两"が一般的です。"两千"
・2200のように3ケタ以上の先頭以外の2は"二"を使います。"两千二（百）"

100		1	0	0
	一百			
101		1	0	1
		一百	零	一
110		1	1	0
		一百	一（十）	
111		1	1	1
		一百	一十	一
1000	1	0	0	0
	一千			
1001	1	0	0	1
	一千	零		一
1010	1	0	1	0
	一千	零	一十	
1100	1	1	0	0
	一千	一（百）		
1110	1	1	1	0
	一千	一百	一（十）	
1111	1	1	1	1
	一千	一百	一十	一

22-2 お小遣いについて話せる

聞いてみよう

李明くんと山田くんはお小遣いの使い道について話をしています。

A: 你 每 个 月 的 零用钱 是 多少?
　　Nǐ měi ge yuè de língyòngqián shì duōshao?

B: <u>五千 日元</u>。
　　Wǔqiān rìyuán.

単語 Check
- □ 每 měi（毎～）
- □ 月 yuè（月）
- □ 零用钱 língyòngqián（お小遣い）
- □ 花 huā（[お金、時間を] 使う）
- □ 饮料 yǐnliào（飲料）
- □ 零食 língshí（おやつ）

A: 你 的 零用钱 怎么 花?
　　Nǐ de língyòngqián zěnme huā?

B: <u>买 饮料 和 零食</u>。
　　Mǎi yǐnliào hé língshí.

置き換えてみよう　下線部を置き換えて練習してみよう

| 买漫画 | 买书 | 买游戏卡 |
| mǎi mànhuà | mǎi shū | mǎi yóuxìkǎ |

　　看电影　　　去玩儿
　　kàn diànyǐng　　qù wánr

お金について

「(日本)円」を表す"日元 rìyuán"は、数字の後ろに付けて"三千日元"（3000円）のように使います。中国の通貨である"人民币 rénmínbì"（人民元）は貨幣の呼び名で、単位は"元 yuán"ですが、これは書く時や店員が丁寧に言う時に使い、口語では"块 kuài"が使われます。元の10分の1は"角 jiǎo"、口語では"毛 máo"、元の100分の1は書面語も口語も"分 fēn"です。

　1元＝10角＝100分

また、"元 yuán"は"日元"、"美元 měiyuán"（米ドル）、"欧元 ōuyuán"（ユーロ）のように外貨では口語、書面語関係なく使われます。

言ってみよう

22-1

A: この財布はいくら？
B: 2300円。

A: 中国元ではいくら？
B: だいたい160元くらい。

22-2

A: 1カ月のお小遣いはいくら？
B: 5000円。

A: お小遣いは何に使うの？
B: 飲み物やお菓子を買う。

練習してみよう

▶A〜Cのイラストを見て3人のお小遣いの金額と主な使い方を説明してみよう

A

鈴木 Língmù
映画を見る
5000円

B

高橋 Gāoqiáo
服を買う
8500円

C

李红 Lǐ Hóng
本を買う
3200円

▶次の数字をピンインで書き、発音してみよう

12

56

102

230

615

4020

6308

10423

UNIT 23 アルバイト

23-1 アルバイトについて話せる①

 聞いてみよう

李明くんと高橋さんはアルバイトの話をしています。李明くんのバイト先はどこでしょうか。

🔊 164　　🔊 165

A: 你 现在 打工 吗？
　　Nǐ xiànzài dǎgōng ma?

B: 我 课 很 多，没 时间 打工。你 呢？
　　Wǒ kè hěn duō, méi shíjiān dǎgōng. Nǐ ne?

A: 我 在 <u>便利店</u> 打工。
　　Wǒ zài biànlìdiàn dǎgōng.

B: 累 不 累？
　　Lèi bu lèi?

A: 虽然 很 累，但 工资 比较 高。
　　Suīrán hěn lèi, dàn gōngzī bǐjiào gāo.

B: 注意 身体！
　　Zhùyì shēntǐ!

単語 Check

☐ 打工 dǎ//gōng
　（アルバイトする）
☐ 便利店 biànlìdiàn
　（コンビニ）
☐ 累 lèi（疲れている）
☐ 虽然 suīrán
　（〜だけれども）
☐ 工资 gōngzī（給料）
☐ 比较 bǐjiào
　（わりと、比較的に）
☐ 注意 zhùyì
　（注意する、気をつける）
☐ 身体 shēntǐ（体）

💬 **置き換えてみよう**　下線部を置き換えて練習してみよう

| 咖啡馆 | 书店 | 饭店 | 超市 |
| kāfēiguǎn | shūdiàn | fàndiàn | chāoshì |

Point　兼語文　「"有/没有"＋名詞＋動詞フレーズ」

"没时间打工。Méi shíjiān dǎgōng."（アルバイトする時間がない。）のような形「"有/没有"＋名詞＋動詞フレーズ」を「兼語文」といいます。この文は動詞フレーズが後ろから名詞を修飾しています。

我有一件事情跟你商量。Wǒ yǒu yí jiàn shìqíng gēn nǐ shāngliang.
　（あなたと相談したいことがあります。）

23-2 アルバイトについて話せる②

 聞いてみよう

王力くんは山田くんのアルバイトの条件に興味津々です。

🔊 166　　🔊 167

A: 你 在 哪儿 打工 呢？
　　Nǐ zài nǎr dǎgōng ne?

B: 我 在 车站 前 的 书店 打工。
　　Wǒ zài chēzhàn qián de shūdiàn dǎgōng.

A: 一 个 星期 去 几 次？
　　Yí ge xīngqī qù jǐ cì?

B: <u>两 到 三 次</u>。
　　Liǎng dào sān cì.

A: 时薪 多少？
　　Shíxīn duōshao?

B: <u>一 个 小时 一千 日元</u>。
　　Yí ge xiǎoshí yìqiān rìyuán.

単語Check

□ 前 qián（前）
□ 书店 shūdiàn（書店）
□ 时薪 shíxīn（時給）

UNIT 23

置き換えてみよう　下線部を置き換えて練習してみよう

| 一次 | 两三次 | 一个小时九百八十日元 | 一天六千 |
| yí cì | liǎng sān cì | yí ge xiǎoshí jiǔbǎi bāshí rìyuán | yì tiān liùqiān |

回数の表し方

1週間に1回、1日に3錠のように、ある期間にその動作を何回行うか言いたい場合は、「動作を行う時間の範囲＋回数」の語順で表します。動詞を入れる場合は「動作を行う時間の範囲＋動詞＋回数＋目的語」になります。

一天两次。Yì tiān liǎng cì.（一日に2回。）
一天吃三次药。Yì tiān chī sān cì yào.（一日に3回薬を飲む。）
一个星期踢两次足球。Yí ge xīngqī tī liǎng cì zúqiú.（一週間に2回サッカーをする。）

💬 言ってみよう

23-1

A: 今、アルバイトしてる？
A: コンビニでバイトしてる。
A: 疲れるけど時給が高いから。

B: 授業が多くてアルバイトする時間がないよ。
　 あなたは？
B: 疲れる？
B: 体に気をつけてね。

23-2

A: どこでアルバイトしてるの？
A: 1週間に何回行くの？
A: 時給はいくら？

B: 駅前の本屋でバイトしてる。
B: 2、3回。
B: 1時間1000円。

練習してみよう

▶A〜Dのイラストを見ながら4人のアルバイト先、回数、時給を説明してみよう

李红 Lǐ Hóng
書店
月曜日・金曜日
時給900円

高桥 Gāoqiáo
コンビニ
月〜金曜日
時給850円

铃木 Língmù
家庭教師
火曜日・木曜日・土曜日
時給1500円

张雪华 Zhāng Xuěhuá
カフェ（スターバックス）
日曜日
時給950円

▶自分がしているアルバイト、したいアルバイトについて話してみよう

単語&表現 アルバイト先

咖啡馆 kāfēiguǎn（カフェ）
星巴克 Xīngbākè（スターバックス）
便利店 biànlìdiàn（コンビニ）
罗森 Luósēn（ローソン）

全家 Quánjiā（ファミリーマート）
书店 shūdiàn（書店）
超市 chāoshì（スーパー）
家教 jiājiào（家庭教師）

UNIT 23

UNIT 24 買い物

24-1 お店で自分が欲しいものを伝えることができる

📻 聞いてみよう

中国に旅行中の高橋さん、セーターをちゃんと買えるでしょうか。

🔊 168　　　🔊 169

A: 您 看点儿 什么？
　　Nín kàn diǎnr shénme?

B: 我 想 看看 <u>毛衣</u>。
　　Wǒ xiǎng kànkan máoyī.

A: 这 件 怎么样？
　　Zhèi jiàn zěnmeyàng?

B: 挺 好看 的，但是 <u>太 大 了</u>。
　　Tǐng hǎokàn de, dànshì tài dà le.

A: 这 件 呢？这 是 今年 的 最新 款。
　　Zhèi jiàn ne? Zhè shì jīnnián de zuìxīn kuǎn.

B: 我 喜欢 这 件。
　　Wǒ xǐhuan zhèi jiàn.

単語 Check

☐ 毛衣 máoyī（セーター）
☐ 件 jiàn（[服を数える] 〜枚）
☐ 挺 tǐng（とても）
☐ 但是 dànshì（しかし）
☐ 大 dà（大きい）
☐ 最新 zuìxīn（最新の）
☐ 款 kuǎn（様式）

💬 置き換えてみよう　下線部を置き換えて練習してみよう

| 上衣 shàngyī | 裙子 qúnzi | 裤子 kùzi | T恤衫 Txùshān | 牛仔裤 niúzǎikù |
| 太花了 tài huā le | 太长了 tài cháng le | 太短了 tài duǎn le | 太小了 tài xiǎo le |

Point　動詞の重ね型

　動詞を重ねることで、「ちょっと〜する、試しに〜してみる」という意味を表すことができます。
　1音節の動詞は "AA" 又は "A一A"、2音節の動詞は "ABAB" という形になります。重ねた2つめの動詞は軽声で発音します。
① 1音節の動詞…你尝（一）尝吧。（ちょっと味見してみて。）
② 2音節の動詞…我们一起学习学习吧！（私たち一緒にちょっと勉強しましょう。）
また、動詞の後ろに「ちょっと」の意味を表す "一下 yíxià" を置いて、「動詞＋"一下"」と言うこともできます。

24-2 お店で様々な要望を伝えることができる

 聞いてみよう

高橋さんは試着してみたいようです。

🔊 170　　🔊 171

A: 我 想 试 一下 这件 衣服。
　　Wǒ xiǎng shì yíxià zhèi jiàn yīfu.

B: 试衣间 在 那边。
　　Shìyījiān zài nèibian.

A: 这件 有点儿 大，有 小 一 号 的 吗？
　　Zhèi jiàn yǒudiǎnr dà, yǒu xiǎo yí hào de ma?

B: 请 稍等。
　　Qǐng shāo děng.

A: 这件 正 合适，我 就 买 这件 吧。
　　Zhèi jiàn zhèng héshì, wǒ jiù mǎi zhèi jiàn ba.

B: 好的，款台 在 前边。
　　Hǎo de, kuǎntái zài qiánbian.

単語 Check

- 试 shì（試す）
- 一下 yíxià（ちょっと）
- 衣服 yīfu（服）
- 试衣间 shìyījiān（試着室）
- 那边 nèibian（そこ、あそこ）
- 小 xiǎo（小さい）
- 稍等 shāo děng（少しお待ちください）
- 正 zhèng（ちょうど～）
- 合适 héshì（ちょうど良い、ぴったりである）
- 款台 kuǎntái（レジ）
- 前边 qiánbian（前）

置き換えてみよう　下線部を置き換えて練習してみよう

小	肥	瘦	大一号
xiǎo	féi	shòu	dà yí hào

「ちょっとお待ちください」"请稍等"

お客様や目上の人に対する「ちょっとお待ちください」の言い方にはいくつかあります。

请稍等。Qǐng shāo děng.

请等一下。Qǐng děng yíxià.

等一等。Děng yi děng.

请等一会儿。Qǐng děng yí huìr.

"一会儿" は「ちょっとの間」という時間の長さを表す数量詞です。述語の前に"请"を置くと「～して下さい」という丁寧な表現になり、重ね型や"一下 yíxià"で「少し～」という意味が加わります。

言ってみよう

24-1

A: 何をお探しですか。
A: こちらはいかがでしょうか。
A: こちらは？これは今年の最新デザインです。

B: ちょっとセーターを見たいんです。
B: とてもきれい、けれど、大きすぎます。
B: これは気に入りました。

24-2

A: この服を試着したいんですが。
A: これは少し大きいので、もう少し小さいのはありませんか。
A: これはピッタリです。これにします。

B: 試着室はあちらです。
B: 少しお待ちください。
B: はい、レジは前の方にあります。

練習してみよう

▶店員役とお客役になってやりとりをしてみよう
※サイズ、金額、量詞にも注意しよう

A

マフラー
4,990円

B

靴
7,650円

C
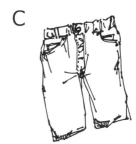
ズボン
3,800円

D
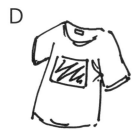
Tシャツ
980円

E

セーター
8,600円

F
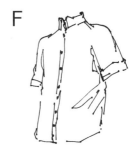
シャツ
2,850円

単語&表現　衣類

上衣 shàngyī（上着）
衬衫 chènshān（シャツ）
毛衣 máoyī（セーター）
大衣 dàyī（コート）
T恤衫 Txùshān（Tシャツ）
裙子 qúnzi（スカート）

裤子 kùzi（ズボン）
旗袍 qípáo（チャイナドレス）
牛仔裤 niúzǎikù（ジーンズ）
围巾 wéijīn（マフラー）
运动鞋 yùndòngxié（スニーカー）
皮鞋 píxié（革靴）

サイズ

大号 dàhào（Lサイズ）
中号 zhōnghào（Mサイズ）
小号 xiǎohào（Sサイズ）

UNIT 25　値段交渉

25-1 値段交渉ができる①

 聞いてみよう

高橋さんの買い物はまだまだ続きます。次は値段交渉にチャレンジです。

🔊 172　　🔊 173

A: 这个 娃娃 多少 钱？
　　Zhèige wáwa duōshao qián?

B: 三百 九十八 块。
　　Sānbǎi jiǔshibā kuài.

A: 太 贵 了。有 便宜点儿 的 吗？
　　Tài guì le. Yǒu piányi diǎnr de ma?

B: 您 看看 这个 怎么样？
　　Nín kànkan zhèige zěnmeyàng?

A: 这个 也 不错。
　　Zhèige yě búcuò.

B: 这个 可以 打 八 折。
　　Zhèige kěyǐ dǎ bā zhé.

単語 Check

- 娃娃 wáwa（人形）
- 贵 guì（[値段]が高い）
- 便宜 piányi（[値段]が安い）
- 不错 búcuò（すばらしい、悪くない）
- 可以 kěyǐ（～してよい、できる）
- 折 zhé（割り引く）

置き換えてみよう　下線部を置き換えて練習してみよう

打三折　　　　　打五折　　　　　打七折
dǎ sān zhé　　　dǎ wǔ zhé　　　dǎ qī zhé

Point 「できる」助動詞：" 可以 "

" 可以 kěyǐ " は、「許可されて～できる、～してよい」「条件・状況が整っていて～できる」

①肯定文「主語＋" 可以 "＋動詞＋目的語」
　这儿可以拍照。Zhèr kěyǐ pāizhào.（ここは写真を撮れます。）

②否定文「主語＋" 不能 "＋動詞＋目的語」「～できない」と否定する場合は、" 不能 bù néng " を使います。
　这儿不能拍照。Zhèr bù néng pāizhào.（ここでは写真は撮れません。）

　" 不可以 " とすると「～してはいけない」と禁止の意味になります。
　这儿不可以拍照。Zhèr bù kěyǐ pāizhào.（ここでは写真は撮ってはいけない。＝撮影禁止）

25-2 値段交渉ができる②

 聞いてみよう

値段交渉をする高橋さん、結局安くなったのでしょうか。

🔊174　　🔊175

A: 您 要 哪 一 件?
　　Nín yào něi yí jiàn?

B: 要 这 件 吧, 可以 便宜 点儿 吗?
　　Yào zhèi jiàn ba, kěyǐ piányi diǎnr ma?

A: 已经 打 八 折 了。
　　Yǐjīng dǎ bā zhé le.

B: 能 不 能 再 便宜 一点儿?
　　Néng bu néng zài piányi yìdiǎnr?

A: 两千 九百 八, 不 能 再 便宜 了。
　　Liǎngqiān jiǔbǎi bā, bù néng zài piányi le.

B: 那 我 再 看看 别的 吧。
　　Nà wǒ zài kànkan biéde ba.

単語Check

☐ 已经 yǐjīng
　（すでに、もう）
☐ 再 zài
　（もう一度、さらに）
☐ 别 bié（～するな）

💬 **置き換えてみよう**　下線部を置き換えて練習してみよう

五千三　　三千四百五十　　一万三千八百零一十
wǔqiān sān　　sānqiān sìbǎi wǔshí　　yíwàn sānqiān bābǎi líng yīshí

「すでに」の副詞"已经"と繰り返しの副詞"再"

　副詞"已经 yǐjīng"（すでに）は動詞の前に置き、"已经打八折了。Yǐjīng dǎ bā zhé le."（すでに2割引になっています。）のように、文末に完了の"了 le"をつけます。

　"不能再便宜了。Bù néng zài piányi le."（更に安くすることはできない。＝これ以上安くできません。）に出てきた副詞の"再 zài"は「また」という繰り返しの意味ですが、これは未然、つまりこれから行われる場合にのみ使われます。同じ「また」を表す副詞に"又 yòu"がありますが、こちらは"他今天又来了。Tā jīntiān yòu láile."（彼は今日また来ました。）のように、実現済みのことに使います。

言ってみよう

25-1

A: この人形はいくらですか。　　　　　　　　B: 398元です。
A: 高すぎます。もう少し安いのはありますか。　B: こちらはいかがでしょうか。
A: これも悪くない。　　　　　　　　　　　　B: こちらは2割引できます。

25-2

A: どれになさいますか。　　　　　　　　B: これにします。安くなりますか。
A: 2割引になっております。　　　　　　B: もう少し安くできませんか。
A: 2980元、これ以上は安くできません。　B: ではさらに他のを見てみます。

練習してみよう

▶店員役とお客役になってやりとりをしてみよう
※値段交渉をしてみよう

A
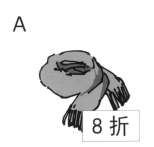
8折
マフラー
4,000円

B

7折
靴
7,000円

C

4折
ズボン
3,800円

D

1折
Tシャツ
1,500円

E

88折
セーター
10,000円

F

半价
シャツ
5,000円

▶次の中国語は中国のお店でよく見かける表示ですが、どんな意味か考えてみよう

打八折

全场八折

半价

优惠

买一送一

满100减30

UNIT 26 支払い

26-1 支払いができる①

 聞いてみよう

支払い方法はどうするのでしょうか。

🔊 176　　🔊 177

A：在 哪儿 付 款？
　　Zài nǎr fùkuǎn?

B：在 这儿 就 可以。
　　Zài zhèr jiù kěyǐ.

A：一共 是 <u>1256</u> 块，
　　Yígòng shì yìqiān liǎngbǎi wǔshiliù kuài,

　　现金 还是 刷卡？
　　xiànjīn háishi shuākǎ?

B：刷卡。
　　Shuākǎ.

A：请 您 签 下 字。
　　Qǐng nín qiān xià zì.

B：在 这儿 吗？
　　Zài zhèr ma?

単語 Check

☐ 付 fù（お金を支払う）
☐ 这儿 zhèr（ここ）
☐ 一共 yígòng（全部で）
☐ 现金 xiànjīn（現金）
☐ 刷卡 shuā//kǎ（クレジットカードで支払う）
☐ 签字 qiān//zì（署名する、サインする）

💬 **置き換えてみよう**　下線部を置き換えて練習してみよう

MEMO

Point　お店でよく聞く表現を覚えよう

请随便看看。Qǐng suíbiàn kàn kan.（ご自由にご覧ください。）
有没有新的？ Yǒu méiyǒu xīn de?（新しいのはありますか。）
在这里可以付款。Zài zhèlǐ kěyǐ fùkuǎn.（ここでお支払いになれます。）
请输入密码。Qǐng shūrù mìmǎ.（暗証番号を入力してください。）
您的钱正好。Nín de qián zhènghǎo.（ちょうどいただきました。）
您有积分卡吗？ Nín yǒu jīfēnkǎ ma?（ポイントカードはお持ちですか。）
可以用支付宝。Kěyǐ yòng Zhīfùbǎo.（アリペイが使えます。）

26-2 支払いができる②

 聞いてみよう

お釣りとレシートをしっかり確認しましょう。

📢178

A: 一共 是 <u>893</u> 块，
Yígòng shì bābǎi jiǔshisān kuài,

　　现金 还是 刷卡？
　　xiànjīn háishi shuākǎ?

B: 现金 吧。
Xiànjīn ba.

A: 有 零钱 吗？
Yǒu língqián ma?

B: 我 看看，有 <u>3 块</u> 零钱。
Wǒ kànkan, yǒu sān kuài língqián.

A: 收 您 <u>903</u> 块，找 您 <u>10 块</u>。
Shōu nín jiǔbǎi líng sān kuài, zhǎo nín shí kuài.

B: 有 小票 吗？
Yǒu xiǎopiào ma?

📢179

単語 Check

☐ 零钱 língqián
　（おつり）
☐ 收 shōu
　（受け取る、収める）
☐ 找 zhǎo（釣銭を出す）
☐ 小票 xiǎopiào
　（レシート）

UNIT 26

💬 置き換えてみよう　　下線部を置き換えて練習してみよう

MEMO

離合動詞

今回出てきた"请您签下字。Qǐng nín qiān xià zì."（サインをお願いいたします）は、「ちょっと〜する」という数量詞"一下 yíxià"の"一"を省略しています。"签字 qiānzì"（サインする）という動詞は、「動詞"签 qiān"（署名する、サインする）＋目的語"字 zì"」という構造の「離合動詞（離合詞）」で、数量詞、時量、"了、着、过"は動詞と目的語の間に挟み込みます。辞書では離合動詞には、ピンインに「//」がつけられています。

要排两个小时队。Yào pái liǎng ge xiǎoshí duì.（2時間並ばなければならない。）

※"排队 pái//duì"（列に）並ぶ

137

言ってみよう

26-1

A: どこで支払いますか。　　　　　　　　　　　B: こちらでけっこうです。
A: 全部で1256元です。現金ですか、カードですか。　B: カードで。
A: こちらにサインをお願いします。　　　　　　B: ここですか。

26-2

A: 全部で893元です。現金ですか、カードですか。　B: 現金で。
A: 細かいお金はありますか。　　　　　　　　　B: 見てみます。3元あります。
A: 903元お預かりしましたので、10元のお返しです。　B: レシートは？

練習してみよう

▶店員役とお客役になってやりとりをしてみよう
※お客は50元持っているとして、おつりのやり取りにもチャレンジしてみよう

単語&表現 果物と野菜

苹果 píngguǒ（リンゴ）
香蕉 xiāngjiāo（バナナ）
橘子 júzi（ミカン）
葡萄 pútao（ブドウ）
菠萝 bōluó（パイナップル）
芒果 mángguǒ（マンゴ）
草莓 cǎoméi（イチゴ）
桃子 táozi（桃）
柿子 shìzi（柿）
猕猴桃 míhóutáo（キウイ）
西瓜 xīguā（スイカ）

卷心菜 juǎnxīncài（キャベツ）
白菜 báicài（ハクサイ）
洋葱 yángcōng（タマネギ）
萝卜 luóbo（ダイコン）
茄子 qiézi（ナス）
西红柿 xīhóngshì（トマト）
青椒 qīngjiāo（ピーマン）
土豆 tǔdòu（ジャガイモ）
玉米 yùmǐ（トウモロコシ）
南瓜 nánguā（カボチャ）
黄瓜 huángguā（キュウリ）

UNIT 27　予約

27-1 電話でレストランを予約できる①

聞いてみよう

山田くんは旅先で、レストランの予約にチャレンジするようです。

📢 180　📢 181

A: 喂，我 想 预订 一下 明天 的 座位。
　　Wéi, wǒ xiǎng yùdìng yíxià míngtiān de zuòwei.

B: 你们 一共 有 几 位?
　　Nǐmen yígòng yǒu jǐ wèi?

A: 我们 一共 有 六 个 人。
　　Wǒmen yígòng yǒu liù ge rén.

B: 您 贵 姓? 手机号 是 多少?
　　Nín guìxìng? Shǒujīhào shì duōshao?

A: 我 姓 山田　手机号
　　Wǒ xìng Shāntián, shǒujīhào

　　是 1 2 3 - 4 5 6 7 - 8 9 0 2。
　　shì yāo èr sān - sì wǔ liù qī - bā jiǔ líng èr.

B: 好 的，恭候 光临。
　　Hǎo de, gōnghòu guānglín.

単語 Check

☐ 预订 yùdìng
　（予約する）
☐ 座位 zuòwei（座席）
☐ 位 wèi（［人を数える丁寧な言い方］〜名様）
☐ 恭候光临
　gōnghòu guānglín
　（お待ちしております）

💬 置き換えてみよう　下線部を置き換えて練習してみよう

MEMO

Point　敬語表現

　中国語には敬語表現が少ないのですが、お店でお客さんに対して、また目上の人に対しては "您 nín" を使うなど、いくつかの言い方があります。「何名様ですか。」は " 几位 Jǐ wèi?"、「3 名様」は " 三位 sān wèi" と量詞 "位 wèi" を使って言います。これに対する「3 人です」という客の返答は "三位 sān wèi" でも "三个人 sān ge rén" でも構いません。また、" 恭候光临 gōnghòu guānglín"（おいでを慎んでお待ちします＝お待ちしております）や、"请慢用 Qǐng màn yòng"（ごゆっくりどうぞ）などもお客さん向けの言い方です。

27-2 電話でレストランを予約できる②

 聞いてみよう

高橋さんは個室の予約にチャレンジです。

🔊 182　　🔊 183

A: 喂，是 北京 餐厅 吗？
　　Wéi, shì Běijīng cāntīng ma?

　　我 想 订 一 个 包间。
　　Wǒ xiǎng dìng yí ge bāojiān.

B: 您 几 点 到？ 几 位？
　　Nín jǐ diǎn dào? Jǐ wèi?

A: <u>晚上 七点</u> 到，我们 一共 <u>四</u> 个 人。
　　Wǎnshang qī diǎn dào, wǒmen yígòng sì ge rén.

B: 好 的，请 留 一 个 手机号。
　　Hǎo de, qǐng liú yí ge shǒujīhào.

A: 我 的 手机号 是 <u>1 2 3 - 9 8 7 6 - 5 4 3 2</u>。
　　Wǒ de shǒujīhào shì yāo èr sān - jiǔ bā qī liù - wǔ sì sān èr.

　　我 姓 <u>高桥</u>。
　　Wǒ xìng Gāoqiáo.

B: 好 的，恭候 光临。
　　Hǎo de, gōnghòu guānglín.

単語 Check

- □ 北京 Běijīng（北京）
- □ 餐厅 cāntīng（レストラン、食堂）
- □ 订 dìng（予約する）
- □ 包间 bāojiān（［レストランなどの］個室）
- □ 留 liú（留める、残しておく）

UNIT 27

あいづち

お店での会話に限らず、いろいろなシーンで使えるあいづちを覚えよう。

対。Duì.（うん、そう。）
行。Xíng.（いいよ。）
好。Hǎo. / 好的。Hǎo de.（分かった。）
明白了。Míngbai le.（分かった。）
是吗？Shì ma?（そうなの？／そうなんだ）
什么？Shénme?（なんだって？）
为什么？Wèi shénme?（どうして？）
真的吗？Zhēn de ma?（ほんと？）
真的。Zhēn de.（ほんとだよ。）

没错儿。Méi cuòr.（そうだ。そのとおり。）
那倒是。Nà dàoshì.（いかにも、そうだね。）
嗯。Ng.（うん。）
怪不得。Guàibude.（なるほど。道理で。）
没问题。Méi wèntí.（問題ないよ。）
不会吧。Bú huì ba.（ありえないでしょ。／まさか！）
然后呢？Ránhòu ne?（その後は？／で？）
是这样啊。Shì zhèyàng a.（そういうことですか。）

💬 言ってみよう

27-1

A: もしもし、明日の予約をしたいのですが。
A: 6人です。
A: 山田です。携帯番号は 123-4567-8902。

B: 何名様でしょう？
B: お名前は？携帯番号は何番ですか。
B: ありがとうございます。お待ちしております。

27-2

A: もしもし、北京レストランですか？個室を予約したいのですが。
A: 夜7時に4人です。
A: 携帯番号は 123-9876-5432。高橋と言います。

B: 何時にいらっしゃいますか。何名様でしょう？
B: わかりました。携帯番号をいただいてよろしいですか。
B: ありがとうございます。お待ちしております。

練習してみよう

▶下のA〜Cのイラストの人物になってレストランを予約してみよう

A

・张　丽丽
Zhāng Lìlì

予約日：来週の土曜日
時間：12:00〜
人数：4人
電話番号：152-4121-7634

B

・王　大力
Wáng Dàlì

予約日：明日
時間：18:30〜
人数：2人
電話番号：142-8462-6521

C

・陈　晓芳
Chén Xiǎofāng

予約日：今週の土曜日
時間：17:00〜
人数：8人
電話番号：132-4298-6348

UNIT 27

▶以下は日本にある中国でも有名なお店ですが、何のお店か調べてみよう

全聚德 Quánjùdé

海底捞 Hǎidǐlāo

小肥羊 Xiǎoféiyáng

南翔馒头店 Nánxiáng mántou diàn

贡茶 Gòngchá

马子禄牛肉面 Mǎzǐlù niúròumiàn

UNIT 28　入店

28-1 予約をしたレストランに入店できる

聞いてみよう

高橋さんは予約したレストランに行きました。

📢 184　　　📢 185

A: 欢迎 光临，几 位？
　　Huānyíng guānglín, jǐ wèi?

B: 四 位，我们 订了 一 个 包间。
　　Sì wèi, wǒmen dìngle yí ge bāojiān.

A: 您 的 手机号 是 多少？
　　Nín de shǒujīhào shì duōshao?

B: １２３－９８７６－５４３２。
　　Yāo èr sān - jiǔ bā qī liù - wǔ sì sān èr.

A: 楼上，２０６。
　　Lóushàng, èr líng liù.

B: 好，谢谢！
　　Hǎo, xièxie!

単語Check

□ 欢迎光临
　huānyíng guānglín
　（いらっしゃいませ）

Point 「…しなければならない」助動詞 "要 / 应该 / 得"

"要等多长时间？Yào děng duō cháng shíjiān?"（どれくらい待たなければならないか）で使われている助動詞 "要 yào" には、"「…すべきだ」「…しなければならない」という意味もあります。ほかにこのような義務・必要を表す助動詞には "应该 yīnggāi／得 děi" があります。この3つの使い分けをもう少し具体的に言うと、"应该" は「（当然）…すべきである」、"得" は「（義務として）…しなければならない」、"要" は「（自発的に）…しなければならない、…する必要がある」となります。

你应该去医院。Nǐ yīnggāi qù yīyuàn.（あなたは病院に行くべきだ。）
往后可得小心。Wǎnghòu kě děi xiǎoxīn.（今後は気をつけねばならない。）
我明天要五点起床。Wǒ míngtiān yào wǔ diǎn qǐchuáng.（私は明日5時に起きなければならない。）

否定文は "不要"（～してはならない）ではなく、"不用 búyòng"（～しなくてもよい、～する必要はない）を使います。

你明天不用来。Nǐ míngtiān búyòng lái.（あなたは明日来る必要はありません。／来るには及びません。）

28-2 予約なしでレストランに入店できる

聞いてみよう

李明くんと山田くんは予約なしでレストランに行きましたが……

🔊186

A: 欢迎 光临，几 位？
　　Huānyíng guānglín, jǐ wèi?

B: 两 位。
　　Liǎng wèi.

A: 现在 满座 了，您 拿 个 号 吧？
　　Xiànzài mǎnzuò le, nín ná ge hào ba?

B: 要 等 多长 时间？
　　Yào děng duō cháng shíjiān?

A: 一 个 小时 左右。
　　Yí ge xiǎoshí zuǒyòu.

B: 这么 久！
　　Zhème jiǔ!

🔊187

単語 *Check*

☐ 満座 mǎnzuò（満席）
☐ 拿号 ná hào
　（番号札を取る）
☐ 等 děng（待つ）
☐ 这么 zhème
　（こんなに）
☐ 久 jiǔ（久しい、長い）

UNIT 28

置き換えてみよう　　下線部を置き換えて練習してみよう

MEMO

「こんなに、そんなに」…"这么"

　"这么 zhème" や "那么 nàme"（そんなに）は程度を表す語ですが、中国語では心理的に近い場合は、"这 zhè"（この）を、遠い場合は "那 nà"（あの）を使い、「その」には "这" と "那" の両方が使われます。今回の "这么久！Zhème jiǔ!" は相手の言葉に対して言っているので、日本語では「そんなに長く！」となりますが、中国語では「自分が待つ時間」なので、"这么" を使います。

145

言ってみよう

28-1

A: いらっしゃいませ。何名様ですか。　　B: 4人です。個室を予約してます。
A: お客様の携帯番号は何番ですか。　　　B: 123-9876-5432。
A: 上の階の206です。　　　　　　　　　B: はい、ありがとう。

28-2

A: いらっしゃいませ。何名様ですか。　　　　　　B: 2人です。
A: 今、満席ですので、番号札をお持ちください。　B: どのくらい待ちますか。
A: 1時間前後です。　　　　　　　　　　　　　　B: そんなにかかるの！？

練習してみよう

▶下のA〜Cのイラストの人物になって予約した内容を確認してみよう

A

・金 善美
Jīn Shànměi

時間：11:45〜
人数：3人
電話番号：142-3896-0120

B

・麦克
Màikè

時間：18:30〜
人数：8人
電話番号：142-9478-0123

C

・佐藤 大介
Zuǒténg Dàjiè

時間：17:15〜
人数：15人
電話番号：145-4628-7520

▶次の時間に関連するフレーズを中国語に訳してみよう

10分間	10分
30分間	30分
1時間	3時
1時間半	1時30分
2時間45分	午後2時45分
一日	3月1日
一週間	月曜日
一カ月	2月

UNIT 28

UNIT 29 注文

29-1 レストランで注文できる

 聞いてみよう

高橋さんは中華レストランでメニューを見ています。

🔊 188　　🔊 189

A：这 是 菜单。
　　Zhè shì càidān.

B：我们 先 看 一下。
　　Wǒmen xiān kàn yíxià.

A：两 位 想 吃点儿 什么？
　　Liǎng wèi xiǎng chī diǎnr shénme?

B：要 一个 宫保鸡丁、一个 鱼香茄子，
　　Yào yí ge gōngbǎo jīdīng, yí ge yúxiāng qiézi,

　　再 要 一个 京酱肉丝。
　　zài yào yí ge jīngjiàng ròusī.

A：饮料 来 点儿 什么？
　　Yǐnliào lái diǎnr shénme?

B：要 一 杯 橙汁、一 杯 西瓜汁。
　　Yào yì bēi chéngzhī, yì bēi xīguāzhī.

単語 Check

☐ 菜单 càidān（メニュー）
☐ 先 xiān（先に、まず）
☐ 宫保鸡丁（料理名）gōngbǎo jīdīng
☐ 鱼香茄子（料理名）yúxiāng qiézi
☐ 京酱肉丝（料理名）jīngjiàng ròusī
☐ （一）点儿 (yì)diǎnr（少し）
☐ 杯 bēi（[コップに入った飲料を数える] 〜杯）
☐ 橙汁 chéngzhī（オレンジジュース）
☐ 西瓜汁 xīguāzhī（スイカジュース）

 置き換えてみよう　下線部を置き換えて練習してみよう

| 回锅肉 | 麻婆豆腐 | 古老肉 | 青椒肉丝 |
| huíguōròu | mápó dòufu | gǔlǎoròu | qīngjiāo ròusī |

Point "吃点儿"と"来点儿"

　動詞の後に"点儿 diǎnr"を付けると、「少し〜する」という意味となりますが、"吃点儿什么？Chī diǎnr shénme?"は「何を召し上がりますか」、"来点儿什么？Lái diǎnr shénme?"は「何をお持ちしますか」という意味となり、レストランなどで使われる丁寧な言い方です。レストランではまず"你们喝点儿什么呢？Nǐmen hē diǎnr shénme ne?"(何をお飲みになりますか=飲み物は何になさいますか)と聞かれます。"点儿 diǎnr"のない"你们喝什么？Nǐmen hē shénme?"は「何を飲みますか」とぞんざいな聞き方になるので注意しましょう。

29-2 ファストフード店で注文できる

 聞いてみよう

高橋さんはファストフード店にやってきました。

🔊 190

A: 您 在 这儿 吃 还是 带走?
Nín zài zhèr chī háishi dàizǒu?

B: 在 这儿 吃。要 一 个 牛肉汉堡套餐。
Zài zhèr chī. Yào yí ge niúròu hànbǎo tàocān.

A: 饮料 和 小吃 要 什么?
Yǐnliào hé xiǎochī yào shénme?

B: <u>可乐 和 薯条</u>,多 给 几 包 番茄酱。
Kělè hé shǔtiáo, duō gěi jǐ bāo fānqiéjiàng.

A: 还 要 别的 吗?
Hái yào biéde ma?

B: 就 要 这些。
Jiù yào zhèxiē.

🔊 191

単語Check

- 带走 dàizǒu
  （お持ち帰り）
- 牛肉汉堡套餐
  niúròu hànbǎo tàocān
  （ビーフハンバーガーセット）
- 小吃 xiǎochī（おやつ）
- 可乐 kělè（コーラ）
- 薯条 shǔtiáo（ポテト）
- 多 duō（多めに）
- 给 gěi（与える）
- 包 bāo（［袋に入ったものを数える］～袋）
- 番茄酱 fānqiéjiàng
  （トマトケチャップ）
- 别的 biéde
  （別の、他の）
- 这些 zhèxiē
  （これらの）

置き換えてみよう　下線部を置き換えて練習してみよう

| 吉士汉堡包 | 巨无霸 | 雪碧 | 芬达 |
| jíshì hànbāobāo | jùwúbà | xuěbì | fēndá |

「それだけでけっこうです」"就要这些"

　副詞の"就 jiù"にはさまざまな用法がありますが、ここでは「だけ、しかない」ということを強調する意味になっています。"要 yào"はここでは「要る、ほしい、注文する」という意味ですので、"就要 jiù yào"は「～だけがほしい＝～だけしかいらない」となります。"这些 zhèxiē"は「これら」という複数を表す語です。ファストフード店やレストランでは"还要别的吗? Hái yào biéde ma?"（ほかにご注文はありますか。）と聞かれることが多いので、"就要这些。Jiù yào zhèxiē."と答えましょう。

言ってみよう

29-1

A: こちらがメニューです。
A: お客様は何を召し上がりますか。

A: お飲み物は何になさいますか。

B: まずちょっと見ます。
B: 鶏とカシューナッツの炒め、麻婆茄子、あと肉の味噌炒めをお願いします。
B: オレンジジュースとスイカジュースにします。

29-2

A: こちらでお召し上がりですか。お持ち帰りですか。
A: ドリンクとサイドメニューは何にしますか。

A: ほかにご注文はありますか。

B: ここで食べます。ハンバーガーセット一つ。
B: コーラとポテトフライ。ケチャップを多めに付けてください。
B: それだけでいいです。

練習してみよう

▶下のメニューを見ながら料理を注文してみよう（ファストフード店）

麦香鱼超值套餐 màixiāngyú chāozhí tàocān　　　　　　18.00 元
　（フィレオフィッシュセット）
双层吉士汉堡套餐 shuāngcéng jíshì hànbǎo tàocān　　21.00 元
　（ダブルチーズバーガーセット）
巨无霸超值套餐 jùwúbà chāozhí tàocān　　　　　　　　22.00 元
　（ビックマックセット）
培根蔬萃双层牛堡套餐 péigēn shūcuì shuāngcéng niúbǎo tàocān　25.00 元
　（ベーコンレタスバーガーセット）

汉堡包 hànbǎobāo	7.00 元		麦乐鸡 màilèjī	9.00 元 /5 块
（ハンバーガー）			（チキンナゲット）	
吉士汉堡 jíshì hànbǎo	8.00 元		咖啡 kāfēi	9.00 元 / 杯
（チーズバーガー）			（コーヒー）	
双层吉士汉堡 shuāngcéng jíshì hànbǎo	15.50 元		拿铁 nátiě	17.00 元 / 杯
（ダブルチーズバーガー）			（カフェラテ）	
麦香鸡 màixiāngjī	9.00 元		卡布奇诺 kǎbùqínuò	17.00 元 / 杯
（チキンクリスプ）			（カプチーノ）	
麦香鱼 màixiāngyú	15.50 元		橙汁 chéngzhī	9.50 元 / 杯
（フィレオフィッシュ）			（オレンジジュース）	
培根蔬萃双层牛堡 péigēn shūcuì shuāngcéng niúbǎo	22.00 元		红茶 hóngchá	10.50 元 / 杯
（ベーコンレタスバーガー）			（紅茶）	
巨无霸 jùwúbà	17.00 元		可口可乐 kěkǒu kělè	9.50 元 / 杯
（ビッグマック）			（コカコーラ）	
大薯条 dà shǔtiáo	11.00 元		雪碧 xuěbì	9.00 元 / 杯
（ポテトL）			（スプライト）	
中薯条 zhōng shǔtiáo	9.00 元			
（ポテトM）				
小薯条 xiǎo shǔtiáo	7.00 元			
（ポテトS）				

UNIT 29

UNIT 30 食事

30-1 店員とやりとりができる

 聞いてみよう

注文した料理がなかなか来ません。

📢 192　　📢 193

A: 服务员，要两杯水。
　　Fúwùyuán, yào liǎng bēi shuǐ.

B: 请稍等。
　　Qǐng shāoděng.

A: 我们点的菜还没上呢。
　　Wǒmen diǎn de cài hái méi shàng ne.

B: 我帮您催一下。
　　Wǒ bāng nín cuī yíxià.

A: 麻烦快一点儿！
　　Máfan kuài yìdiǎnr!

B: 好的。
　　Hǎo de.

単語 Check

- 服务员 fúwùyuán（[呼び掛けに] 従業員、店員さん）
- 水 shuǐ（水）
- 点 diǎn（注文する）
- 菜 cài（料理）
- 上 shàng（料理などを）テーブルに運ぶ
- 帮 bāng（手伝う、助ける）
- 催 cuī（促す、催促する）
- 麻烦 máfan（面倒をかける）

💬 **置き換えてみよう**　下線部を置き換えて練習してみよう

MEMO

Point レストランでの決まり文句

请给我菜单。Qǐng gěi wǒ càidān.（メニューをください。）

有没有推荐的菜？Yǒu méiyǒu tuījiàn de cài?（おすすめの料理はありますか。）

有没有特色的菜？Yǒu méiyǒu tèsè de cài?（名物料理はありますか。）

我点菜。Wǒ diǎn cài.（料理を注文します。）

辣不辣？Là bu là?（辛くないですか。）

买单。Mǎidān./ 结账。jiézhàng.（お勘定お願いします。）

我来请客。Wǒ lái qǐngkè.（私がご馳走します。）

30-2 お持ち帰りできる

 聞いてみよう

たくさん注文したので食べ残してしまいました。

🔊 194　　🔊 195

A: 服务员，打包！
　 Fúwùyuán, dǎbāo!

C: 稍等 一下。
　 Shāoděng yíxià.

A: 我们 自己 来 吧。
　 Wǒmen zìjǐ lái ba.

B: 我 来 帮 你。
　 Wǒ lái bāng nǐ.

A: 打包 <u>鱼香肉丝</u> 和 <u>宫保虾球</u> 吧？
　 Dǎbāo yúxiāng ròusī hé gōngbǎo xiāqiú ba?

B: 这个 <u>炒青菜</u> 也 打包 吧。
　 Zhèige chǎo qīngcài yě dǎbāo ba.

単語 Check

- 打包 dǎ//bāo
  （持ち帰るために残った料理を）パックに詰める
- 自己 zìjǐ（自分）
- 鱼香肉丝（料理名）yúxiāng ròusī
- 宫保虾球（料理名）gōngbǎo xiāqiú
- 炒青菜 chǎo qīngcài（料理名）

置き換えてみよう　下線部を置き換えて練習してみよう

MEMO

「来る」ではない"来"

"我们自己来吧。Wǒmen zìjǐ lái ba."（自分たちでやります。）と"我来帮你。Wǒ lái bāng nǐ."（手伝います。）の中に出てくる"来"は、「来る」という意味ではありません。"我们自己来吧。Wǒmen zìjǐ lái ba."の"来"は「する、やる」という意味で、具体的な動作を表す動詞の代わりに使います。また"我来帮你。Wǒ lái bāng nǐ."の"来"は他の動詞の前に置いて、その動作に積極的に取り組む姿勢を示す意味になります。ここでは"帮 bāng"（手伝う）する意志があることを表しています。

言ってみよう

30-1

A: すみません、お水二つください。
A: 頼んだ料理がまだ来てないんですが。
A: 悪いけど早くね。

B: 少しお待ちください。
B: 急がせますので。
B: わかりました。

30-2

A: すみません、持ち帰ります。
A: 自分たちでやります。
A: 魚香肉丝とエビとカシューナッツ炒めを入れようか。

C: 少しお待ちください。
（店員がパックとビニール袋を持ってくる）
B: 手伝うね。
B: 青菜炒めも入れようよ。

練習してみよう

▶下のメニューを見ながら料理を注文してみよう（レストラン）

菜单

凉菜

拼盘 pīnpán（オードブル）	18元（盘）
皮蛋豆腐 pídàn dòufu（ピータン豆腐）	12元（份）
棒棒鸡 bàngbàngjī（バンバンジー）	25元（份）
凉拌豆腐 liángbàn dòufu（冷やし豆腐の和え物）	10元（份）

热菜

炒青菜 chǎo qīngcài（青菜の炒め物）	15元（份）
西红柿炒蛋 xīhóngshì chǎo dàn（トマトと卵の炒め物）	17元（份）
回锅肉 huíguōròu（ホイコーロ）	27元（份）
麻婆豆腐 mápó dòufu（マーボー豆腐）	15元（份）
糖醋鱼 tángcùyú（魚の甘酢がけ）	60元（份）
古老肉 gǔlǎoròu（酢豚）	35元（份）
青椒肉丝 qīngjiāo ròusī（チンジャオロース）	24元（份）
北京烤鸭 Běijīng kǎoyā（北京ダック）	230元（只）
宫保鸡丁 gōngbǎo jīdīng（ピーナッツと鶏肉の炒め物）	23元（份）

汤类

酸辣汤 suānlàtāng（スワンラータン）	14元（碗）
玉米汤 yùmǐtāng（コーンスープ）	15元（碗）

点心类

小笼包 xiǎolóngbāo（ショーロンポー）	25元（笼）
春卷 chūnjuǎn（春巻）	12元（份）
水饺 shuǐjiǎo（水餃子）	40元（斤）
米饭 mǐfàn（ごはん）	3元（碗）
什锦炒饭 shíjǐn chǎofàn（五目チャーハン）	15元（份）

饮料

可乐 kělè（コーラ）	5元（罐）
雪碧 xuěbì（スプライト）	5元（罐）
橙汁 chéngzhī（オレンジジュース）	6元（瓶）
茉莉花茶 mòlìhuāchá（ジャスミン茶）	12元（壶）
乌龙茶 wūlóngchá（ウーロン茶）	15元（壶）

▶食べ残したものを持ち帰ろう

UNIT 30

UNIT 31 乗物

31-1 交通手段について説明できる

 聞いてみよう

高橋さんは駅で不安そうにしている中国人に声をかけます。

🔊 196　　🔊 197

A: 请问，有什么可以帮忙的吗？
　　Qǐngwèn, yǒu shénme kěyǐ bāngmáng de ma?

B: 我想去新宿，从这里怎么换车？
　　Wǒ xiǎng qù Xīnsù, cóng zhèlǐ zěnme huàn chē?

A: 可以坐JR山手线。
　　Kěyǐ zuò JR Shānshǒuxiàn.

B: 从哪儿坐山手线？
　　Cóng nǎr zuò Shānshǒuxiàn?

A: 从这里的楼梯上去，到2号站台坐。
　　Cóng zhèlǐ de lóutī shàngqu, dào èr hào zhàntái zuò.

B: 明白了，谢谢！
　　Míngbai le, xièxie!

単語 Check

- □ 问 wèn
  （問う、質問する）
- □ 帮忙 bāng//máng
  （手伝う、助ける）
- □ 这里 zhèlǐ（ここ）
- □ 换车 huàn chē
  （乗り換える）
- □ 山手线
  Shānshǒuxiàn（山手線）
- □ 楼梯 lóutī（階段）
- □ 上去 shàng//qu
  （上がって行く、登って行く）
- □ 号 hào（〜番）
- □ 站台 zhàntái
  （プラットホーム）
- □ 明白 míngbai
  （分かる）

💬 **置き換えてみよう**　地域の路線図を参考に置き換えて練習してみよう

MEMO

Point 疑問詞の使い方

"有什么可以帮忙的吗？Yǒu shénme kěyǐ bāngmáng de ma?"（何かお手伝いすることがありますか。）という文には、"什么"（なに）という疑問詞が入っていますが、"吗"も入っています。疑問詞疑問文には"吗"は不要なはずですね。この文の"什么"は「何か」という不定のものを指す語です。例えば、"你要买什么？Nǐ yào mǎi shénme?"（何を買いたいのか。）と"你要买什么吗？Nǐ yào mǎi shénme ma?"（何かを買いたいのか。）という二つの文から"吗"の有無による疑問詞の働きの違いがわかります。

31-2 乗り換えの説明ができる

 聞いてみよう

山田くんは駅の券売機の前で困っている中国人に声をかけます。

🔊198

A: 你们 要 去 哪儿？
　　Nǐmen yào qù nǎr?

B: 我们 要 去 东京晴空塔。
　　Wǒmen yào qù Dōngjīng Qíngkōngtǎ.

A: 先 坐 银座线，浅草 方向 的，
　　Xiān zuò Yínzuòxiàn, Qiǎncǎo fāngxiàng de,

　　　在 浅草站 换 东武伊势崎线。
　　　zài Qiǎncǎo zhàn huàn Dōngwǔ yīshìqí xiàn.

B: 坐到 哪 一 站？
　　Zuòdào nǎ yí zhàn?

A: 坐到 东京晴空塔站。
　　Zuòdào Dōngjīng Qíngkōngtǎ zhàn.

B: 明白 了，谢谢！
　　Míngbai le, xièxie!

🔊199

単語 Check

☐ 东京晴空塔
　 Dōngjīng Qíngkōngtǎ
　 （東京スカイツリー）
☐ 银座 Yínzuò（銀座）
☐ 线 xiàn（路線、〜線）
☐ 浅草 Qiǎncǎo（浅草）
☐ 方向 fāngxiàng
　 （方面、方向）
☐ 站 zhàn（駅）
☐ 换 huàn（交換する）
☐ 东武伊势崎线
　 Dōngwǔ yīshìqíxiàn
　 （東武伊勢崎線）
☐ 到 dào（[結果補語：
　 目的地に到達する]）

UNIT 31

置き換えてみよう　地域の路線図を参考に置き換えて練習してみよう

MEMO

方向補語

"从这里的楼梯上去。Cóng zhèli de lóutī shàngqu."（ここの階段から上がっていく。）の "上去 shàngqu" の構造は動詞 "上"（上がる）に方向動詞 "去" が付いて、移動する方向を示します。下表のように1行目の動詞の後ろに "来 / 去" が付いて、近づいて来るのか、遠ざかって行くのかを表します。

	上 shàng	下 xià	进 jìn	出 chū	回 huí	过 guò	起 qǐ
来 lái	上来 shànglai	下来 xiàlai	进来 jìnlai	出来 chūlai	回来 huílai	过来 guòlai	起来 qǐlai
去 qù	上去 shàngqu	下去 xiàqu	进去 jìnqu	出去 chūqu	回去 huíqu	过去 guòqu	

言ってみよう

31-1

A: あの、何かお手伝いしましょうか。
A: JRの山手線で行けます。
A: ここの階段を上がって、2番線から乗ります。

B: 新宿に行きたいんですが、ここからはどう行きますか。
B: どこから山手線に乗りますか。
B: わかりました。ありがとう。

31-2

A: どちらに行きますか。
A: まず銀座線の浅草方面行きに乗り、浅草駅で東武伊勢崎線に乗り換えます。
A: とうきょうスカイツリー駅です。

B: 東京スカイツリーに行きたいんですが。
B: どこで降りますか。
B: わかりました。ありがとう。

練習してみよう

▶ 下のA〜Cのイラストの場所まで新宿駅からどう行けばいいか説明してみよう

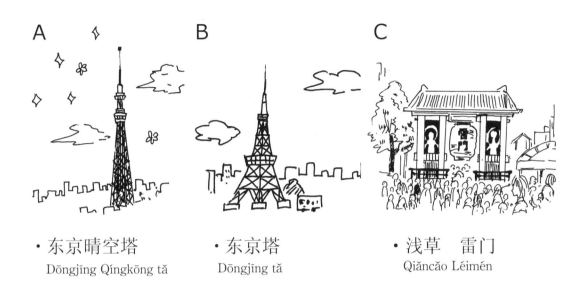

- 东京晴空塔
  Dōngjīng Qíngkōng tǎ

- 东京塔
  Dōngjīng tǎ

- 浅草　雷门
  Qiǎncǎo Léimén

▶ 次の中国語とピンインはそれぞれ日本の観光名所と地名を表しています、どこか考えてみよう

迪斯尼乐园	Sègǔ
阳光60大厦	Yuánsù
彩虹大桥	Chídài
六本木新城	Táichǎng
环球影城	Méitián
海游馆	Nánbō
岚山　天龙寺	Róng
迪斯尼乐园	Tiānshén

UNIT 32 交通

32-1 所要時間と運賃を言える①

 聞いてみよう

高橋さんは東京駅で中国人旅行者に道を尋ねられました。

🔊 200　　　🔊 201

A：您好！请问怎么去新宿？
　　Nín hǎo! Qǐngwèn zěnme qù Xīnsù?

B：你可以坐地铁，再换JR。
　　Nǐ kěyǐ zuò dìtiě, zài huàn JR.

A：大概多长时间？
　　dàgài duō cháng shíjiān?

B：大概半个小时。
　　Dàgài bàn ge xiǎoshí.

A：车票多少钱？
　　Chēpiào duōshao qián?

B：216日元。
　　Èrbǎi yīshíliù rìyuán.

単語Check

☐ 车票 chēpiào
　（乗車券）

💬 **置き換えてみよう**　GoogleMapの路線検索を参考に下線部を置き換えて練習してみよう

MEMO

Point 「"多 duō"＋形容詞」の疑問文

今回 "多长时间?duō cháng shíjiān?"（どのくらいの時間）という疑問文が出てきました。"多 duō" を使った疑問の言い方はこのほかにも、"多高 duō gāo"（どのくらいの高さ）や "多重 duō zhòng"（どのくらいの重さ）、"多大 duō dà"（どのくらいの大きさ/何歳）などがあります。"富士山有多高? Fùshìshān yǒu duō gāo?"（富士山はどのくらいの高さがありますか。）のように使います。また "多少钱?duōshao qián?"（いくらですか）も出てきました。"多少？" は名詞の前に置かれますが、「"多"＋形容詞」は前に "有" を置く場合もあり、使い方が異なります。

32-2 所要時間と運賃を言える②

聞いてみよう

京都観光に行っている李明くん、目的地にたどりつけるでしょうか？

📢 202　　📢 203

A: 请问，从 这里 到 清水寺 远 不 远？
　　Qǐngwèn, cóng zhèlǐ dào Qīngshuǐsì yuǎn bu yuǎn?

B: 不 远，坐 公交车 大概 十多 分钟。
　　Bù yuǎn, zuò gōngjiāochē dàgài shíduō fēnzhōng.

A: 坐 几 路 公交车？
　　Zuò jǐ lù gōngjiāochē?

B: 坐 206 路。
　　Zuò èr líng liù lù.

A: 车票 多少 钱？
　　Chēpiào duōshao qián?

B: 230 日元。
　　Èrbǎi sānshí rìyuán.

単語Check

☐ 清水寺 Qīngshuǐsì（清水寺）
☐ 公交车 gōngjiāochē（バス）
☐ 多 duō（[10以上の数字の後ろにつけ]〜あまり）
☐ 路 lù（[バスの路線番号で]〜番）

置き換えてみよう　GoogleMapの路線検索を参考に下線部を置き換えて練習してみよう

MEMO

道案内の決まり文句

道を尋ねたり、教えたりする時、よく使われる言い方を覚えましょう。
我迷路了。Wǒ mílù le.（道に迷いました。）
这里是哪里？Zhèlǐ shì nǎlǐ?（ここはどこですか。）
厕所在哪儿？Cèsuǒ zài nǎr?（トイレはどこですか。）
你需要帮忙吗？Nǐ xūyào bāngmáng ma?（お手伝いしましょうか。）
我带你去吧？Wǒ dài nǐ qù ba?（連れて行きましょうか。）
对不起，我也不太清楚。Duìbuqǐ, wǒ yě bú tài qīngchu.（すみません、私もよくわかりません。）

言ってみよう

32-1

A: すみません、新宿にはどう行くんでしょうか。 B: 地下鉄に乗って、さらにJRに乗り換えます。
A: だいたいどのくらい時間がかかりますか。 B: だいたい1時間です。
A: 切符はいくらですか。 B: 216円です。

32-2

A: すみません、ここから清水寺は遠いですか。 B: 遠くありません。バスで約10分です。
A: どのバスに乗りますか。 B: 206番のバスです。
A: 切符はいくらですか。 B: 230円です。

練習してみよう

▶北京の路線図を見ながら指定する場所から場所までどう行けばよいか説明してみよう

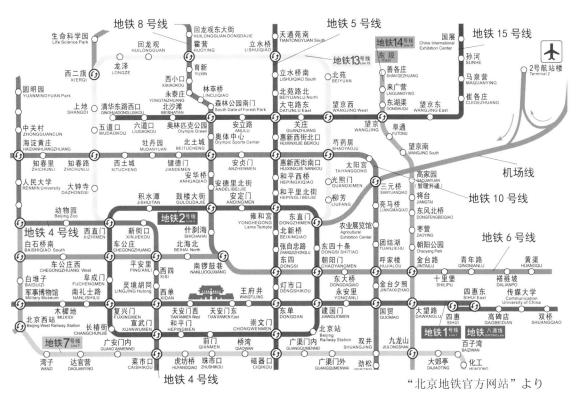

"北京地铁官方网站"より

A 东四 Dōngsì → 西单 Xīdān
21 分钟 /3 块（所要時間 / 価格）

B 2 号航站楼 Èrhào hángzhànlóu → 奥林匹克公园 Àolínpǐkè gōngyuán
1 小时 30 分钟 /29 块

C 动物园 Dòngwùyuán → 王府井 Wángfǔjǐng
30 分钟 /4 块

▶目的地を設置してその場所までの行き方、所要時間、金額を説明してみよう

UNIT 33　道案内

33-1 距離を言える

 聞いてみよう

山田くんは地下鉄の駅を探している中国人に声をかけられました。

📢 204　　📢 205

A：请问，去 <u>地铁站</u> 怎么 走？
　　Qǐngwèn, qù dìtiězhàn zěnme zǒu?

B：走到 前面 的 路口，向 右 拐。
　　Zǒudào qiánmiàn de lùkǒu, xiàng yòu guǎi.

A：离 这里 远 吗？
　　Lí zhèli yuǎn ma?

B：不 算 近，大约 走 <u>十五 分钟</u>。
　　Bú suàn jìn, dàyuē zǒu shíwǔ fēnzhōng.

A：谢谢 您。
　　Xièxie nín.

B：不 客气。
　　Bú kèqi.

単語 Check

☐ 地铁 dìtiě（地下鉄）
☐ 走 zǒu（歩く）
☐ 路口 lùkǒu（交差点）
☐ 向 xiàng
　（〜に向かって、の方へ）
☐ 右 yòu（右）
☐ 拐 guǎi（曲がる）
☐ 不算 bú suàn（〜とは言えない）
☐ 近 jìn（近い）
☐ 分钟 fēnzhōng
　（〜分間）

💬 **置き換えてみよう**　下線部を置き換えて練習してみよう

MEMO

Point　方向を示す介詞（前置詞）②

"一直往前走。yìzhí wǎng qián zǒu"（まっすぐ前に《向かって》歩く）、"向右拐 xiàng yòu guǎi"（右に《向かって》曲がる）という表現が出てきました。両方とも道案内をする時によく使う表現です。"往 wǎng"と"向 xiàng"はともに「〜に向かって」という方向を導く介詞ですが、この二つには少し違いがあります。"往 wǎng"は移動による動作の方向、到達点だけを表し、後ろには方向と場所を表す名詞を置くのに対して、"向"は方向以外に人や抽象的なものも置くことができます。"我们要向他学习。Wǒmen yào xiàng tā xuéxí."（私たちは彼に学ばなければならない。）

33-2 道案内ができる

 聞いてみよう

高橋さんは道に迷っている留学生に出会いました。

📢 206　📢 207

A: 请问，去<u>市立 图书馆</u> 怎么 走？
　　Qǐngwèn, qù shìlì túshūguǎn zěnme zǒu?

B: 一直 往 前 走，看见 红绿灯 往 <u>右</u> 拐。
　　Yìzhí wǎng qián zǒu, kànjiàn hónglǜdēng wǎng yòu guǎi.

　　过 两 个 路口 再 往 <u>左</u> 拐。
　　Guò liǎng ge lùkǒu zài wǎng zuǒ guǎi.

A: 远 不 远？
　　Yuǎn bu yuǎn?

B: 有点儿 远。
　　Yǒudiǎnr yuǎn.

A: 明白 了，谢谢！
　　Míngbai le, xièxie!

B: 不 客气。
　　Bú kèqi.

単語 Check

- □ 市立 shìlì（市立の）
- □ 图书馆 túshūguǎn（図書館）
- □ 一直 yìzhí（ずっと）
- □ 往 wǎng（〜に向かって、〜の方へ）
- □ 看见 kàn//jiàn（見える、見かける）
- □ 红绿灯 hónglǜdēng（信号）
- □ 过 guò（過ぎる）
- □ 左 zuǒ（左）

UNIT 33

置き換えてみよう　下線部を置き換えて練習してみよう

MEMO

お礼の表現

道を教えてもらった後に、"谢谢您。Xièxie nín."（ありがとうございます）、"不客气。Búkèqi."（どういたしまして）という表現が出てきましたが、お礼の表現は他にもあります。

谢了！Xièle!（ありがとう。）
太谢谢你了！Tài xièxie nǐ le!
（ほんとうにありがとう！）
非常感谢。Fēicháng gǎnxiè.
（ほんとうにありがとう。）

感谢不尽。Gǎnxiè bú jìn.（感謝にたえません。）
不（用）谢。Bú (yòng) xiè.（どういたしまして。）
没什么。Méi shénme.（何でもありません。）
这是应该的。Zhè shì yīnggāi de.（当然のことです。）

言ってみよう

33-1

A: すみません、地下鉄の駅にはどう行きますか。　B: 前の十字路まで行ったら、右に曲がります。
A: ここから遠いですか。　B: 遠くはありません。歩いて約15分です。
A: ありがとうございました。　B: どういたしまして。

33-2

A: すみません、市立図書館にはどう行きますか。　B: まっすぐ行って、信号で右に曲がり、さらに
A: 遠いですか。　　二つの十字路を過ぎたら左に曲がります。
A: わかりました。ありがとう。　B: ちょっと遠いです。
　　B: どういたしまして。

練習してみよう

▶目的地までの道順を尋ねたり、答えたりしてみよう

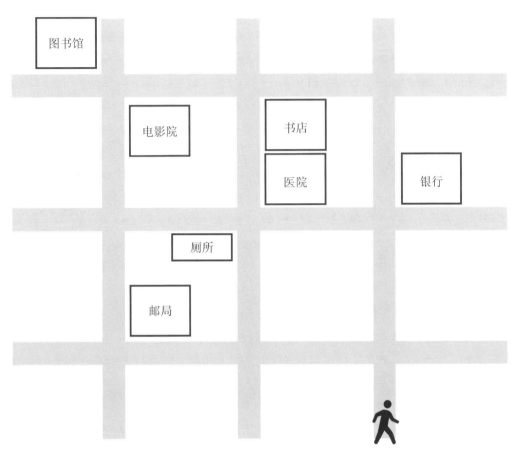

UNIT 33

图书馆 túshūguǎn　电影院 diànyǐngyuàn　书店 shūdiàn　医院 yīyuàn　银行 yínháng　厕所 cèsuǒ　邮局 yóujú

▶学校の最寄駅から学校までの道順を説明してみよう

UNIT 34 旅行の計画

34-1 旅行の相談ができる

 聞いてみよう

張さんと高橋さんは冬休みの過ごし方を相談しています。

🔊 208　　🔊 209

A: 寒假 咱们 去 哪儿 玩儿？
　　Hánjià zánmen qù nǎr wánr?

B: 我 想 去 北海道。
　　Wǒ xiǎng qù Běihǎidào.

A: 太 好 了！我 也 想 去 北海道。
　　Tài hǎo le! Wǒ yě xiǎng qù Běihǎidào.

B: 听说 冬天 北海道 很 美！
　　Tīngshuō dōngtiān Běihǎidào hěn měi!

A: 还 可以 泡 温泉。
　　Hái kěyǐ pào wēnquán.

B: 好，就 这么 决定 了。
　　Hǎo, jiù zhème juédìng le.

単語Check

- 寒假 hánjià（冬休み）
- 北海道 Běihǎidào（北海道）
- 冬天 dōngtiān（冬）
- 美 měi（美しい）
- 泡 pào（浸かる）
- 温泉 wēnquán（温泉）
- 决定 juédìng（決定する）

💬 **置き換えてみよう**　下線部を置き換えて練習してみよう

春天，樱花很漂亮
chūntiān, yīnghuā hěn piàoliang

秋天，红叶很美
qiūtiān, hóngyè hěn měi

夏天，大海很美
xiàtiān, dàhǎi hěn měi

冬天，泡温泉很舒服
dōngtiān, pào wēnquán hěn shūfu

Point 「じゃあそう決めよう」"就这么决定了。"

副詞 "就 jiù" には多くの意味がありますが、ここでは結論を示し、「ならば〜する」という意味を持っています。「"就" ＋这么 zhème / 这样 zhèyang（このように）＋動詞」の文型で、「じゃあそういうふうに〜しよう」となります。"这么（这样）" はUNIT28にも出てきました。もともと「このように」という意味で、中国語では心理的、時間的に近いものを指して言いますが、日本語では相手の提案なので「そのように」となります。

34-2 旅行の下調べができる

 聞いてみよう

李明くんは山田くんと夏休みの計画を話しています。

📢210　　📢211

A：暑假 你 打算 去 哪儿 旅游?
　　Shǔjià nǐ dǎsuàn qù nǎr lǚyóu?

B：我 想 去 大阪。
　　Wǒ xiǎng qù Dàbǎn.

A：大阪 都 有 什么 好玩儿 的?
　　Dàbǎn dōu yǒu shénme hǎowánr de?

B：可以 去 大阪城、心斋桥、USJ。
　　Kěyǐ qù Dàbǎnchéng、Xīnzhāiqiáo、USJ.

A：还 有 别的 地方 吗?
　　Hái yǒu biéde dìfang ma?

B：等 一下，我 上网 查 一下。
　　Děng yíxià, wǒ shàngwǎng chá yíxià.

単語 Check

☐ 旅游 lǚyóu
　（旅行する）
☐ 好玩儿 hǎowánr
　（面白い、楽しい）
☐ 大阪城 Dàbǎnchéng
　（大阪城）
☐ 心斋桥 Xīnzhāiqiáo
　（心斎橋）
☐ 还 hái（さらに）
☐ 地方 dìfang
　（場所、ところ）
☐ 上网 shàng//wǎng
　（ネットをする）
☐ 查 chá（調べる、
　［辞書などを］引く）

UNIT 34

💬 置き換えてみよう　　下線部を置き換えて練習してみよう

MEMO

「聞くところによると」："听说"

動詞の"听说 tīngshuō"は伝聞を表し、「聞くところによると…だそうだ」という意味です。この動詞も「動詞＋目的語」構造の「離合詞」（UNIT26）なので、"听他说 tīng tā shuō"（彼の言うところによると）と間に情報源を挟み込むことができます。

言ってみよう

34-1

A: 冬休みはどこに遊びに行こうか。
A: いいね！私も北海道に行きたい。
A: 温泉にも入れる。

B: 北海道に行きたい。
B: 冬は北海道はきれいだって聞くけど。
B: うん、じゃあ、そう決めよう。

34-2

A: 夏休みはどこに旅行に行くつもり？
A: 大阪にはどんな面白いところがあるの？
A: まだほかにもある？

B: 大阪に行こうと思う。
B: 大阪城、心斎橋やUSJ。
B: 待って、今ネットで調べてみる。

練習してみよう

▶下のイラストを見ながら夏休み・冬休みの旅行計画を話してみよう

A

・热海　泡温泉
　Rèhǎi　pào wēnquán

B

・大阪　吃章鱼小丸子
　Dàbǎn chī zhāngyú xiǎowánzǐ

C

・北海道　冰雪节
　Běihǎidào bīngxuějié

D

・冲绳　游泳
　Chōngshéng yóuyǒng

単語＆表現　日本の食べ物

生鱼片 shēngyúpiàn（刺身）
寿司 shòusī（寿司）
天妇罗 tiānfùluó（てんぷら）
乌冬面 wūdōngmiàn（うどん）
荞麦面 qiáomàimiàn（そば）
拉面 lāmiàn（ラーメン）

串扬 chuànyáng（串揚げ）
烤鸡肉串 kǎo jīròuchuàn（焼き鳥）
大阪烧 Dàbǎn shāo（お好み焼き）
文字烧 wénzì shāo（もんじゃ焼き）
章鱼小丸子 zhāngyú xiǎowánzǐ（たこ焼）

UNIT 35 病気

35-1 身体の調子について言える

 聞いてみよう

高橋さんは体の調子が良くないようです。

📢 212　　📢 213

A: 你 怎么 了?
　　Nǐ zěnme le?

B: 我 头疼。
　　Wǒ tóuténg.

A: 发烧 吗?
　　Fāshāo ma?

B: 有点儿。
　　Yǒudiǎnr.

A: 去 医院 看 一下 吧?
　　Qù yīyuàn kàn yíxià ba?

B: 中午 放学 就 去。
　　Zhōngwǔ fàngxué jiù qù.

単語 Check

☐ 头疼 tóuténg
　（頭が痛い）
☐ 发烧 fā//shāo
　（熱が出る、発熱する）
☐ 医院 yīyuàn（病院）
☐ 中午 zhōngwǔ（昼）
☐ 放学 fàng//xué
　（授業が終わる）

💬 置き換えてみよう　　下線部を置き換えて練習してみよう

| 肚子疼 | 脖子疼 | 想吐 | 牙疼 |
| dùzi téng | bózi téng | xiǎng tù | yáténg |

Point もう一つの"看"

"看 kàn"の基本的な意味は「見る・読む」ですが、"去医院看一下吧? Qù yīyuàn kàn yíxià ba?"（病院に行ってちょっと診てもらったら？）では「診察してもらう」という意味になります。ほかにも、"大夫看病去了。Dàifu kànbìng qù le."（医師は診察に行った。）のように「診察する」という意味もあります。さらに、"他到医院去看病人了。Tā dào yīyuàn qù kànbìngrén le."（彼は病院に見舞いに行った。）のように「見舞う」という意味もありますので、前後の文脈からどの意味なのかを判断しなければなりません。

35-2 症状を言える

　聞いてみよう

旅先で風邪をひいた高橋さんは、病院に行くことにしました。

A：大夫，我 感冒 了。
　　Dàifu, wǒ gǎnmào le.

B：我 看看。测 一下 体温 吧。
　　Wǒ kànkan. Cè yíxià tǐwēn ba.

A：我 早上 测过，有点儿 发烧。
　　Wǒ zǎoshang cèguò, yǒudiǎnr fāshāo.

B：<u>38 度 5</u>。我 给 你 开点儿 药 吧。
　　Sānshíbā dù wǔ. Wǒ gěi nǐ kāidiǎnr yào ba.

A：谢谢 大夫。
　　Xièxie dàifu.

B：这个 药 <u>一 天 吃 三 次</u>，<u>一 次 两 片</u>。
　　Zhèige yào yì tiān chī sān cì, yí cì liǎng piàn.

単語 Check

- 大夫 dàifu（医者）
- 感冒 gǎnmào（風邪をひく）
- 测 cè（測る）
- 体温 tǐwēn（体温）
- 过 guo（〜を済ませた）
- 开药 kāi yào（薬を処方する）
- 天 tiān（〜日間）
- 片 piàn（[錠剤を数える]〜錠）

　置き換えてみよう　　下線部を置き換えて練習してみよう

39 度	37 度 8	三天吃一次	一次三片
sānshíjiǔ dù	sānshíqī dù bā	sān tiān chī yí cì	yí cì sān piàn

病院での会話

我要挂号。Wǒ yào guàhào.（受付をお願いします。）
您哪儿不舒服？ Nín nǎr bù shūfu?（どこが具合わるいですか＝どうされましたか。）
我要挂内科。Wǒ yào guà nèikē.（内科をお願いします。）
门诊到下午 3 点结束。Ménzhěn dào xiàwǔ sān diǎn jiéshù.（外来は午後 3 時に終わります。）
请在这里等候。Qǐng zài zhèlǐ děnghòu.（こちらでお待ちください。）
请在收款处付钱。Qǐng zài shōukuǎnchù fù qián.（支払い窓口でお支払いください。）
请多多保重。Qǐng duōduō bǎozhòng.（どうぞお大事に。）

💬 言ってみよう

35-1

A: どうしたの？
A: 熱はある？
A: 病院に行ってちょっと診てもらったら？

B: 頭が痛い。
B: 少しある。
B: 昼に学校が終わったら行く。

35-2

A: 先生、風邪を引きました。
A: 朝測りました。ちょっと熱がありました。
A: ありがとうございます。

B: 診てみましょう。ちょっと体温を測って。
B: 38度5分ですね。薬を出しておきましょう。
B: この薬は一日3回、1回2錠飲みます。

練習してみよう

▶下のA～Cのイラストにでてくる人物の症状を言ってみよう

A

・张 丽丽
Zhāng Lìlì
風邪、頭が痛い

B

・王 大力
Wáng Dàlì
熱38度、喉が痛い

C

・陈 晓芳
Chén Xiǎofāng
お腹が痛い、食欲が無い

▶クラスメイトに調子が悪いところを伝えてみよう

単語&表現　身体の部位・症状・病名

头 tóu（頭）
眼睛 yǎnjing（目）
鼻子 bízi（鼻）
耳朵 ěrduo（耳）
嘴 zuǐ（口）
脖子 bózi（首）
嗓子 sǎngzi（のど）
胸 xiōng（胸）
胃 wèi（胃）
肚子 dùzi（お腹）
皮肤 pífū（皮膚）
后背 hòubèi（背中）
胳膊 gēbo（腕）
肩膀 jiānbǎng（肩）
右手 yòushǒu（右手）
左手 zuǒshǒu（左手）
胳膊 gēbo（腕）
腰 yāo（腰）
腿 tuǐ（足のつけ根からくるぶしまで）
脚 jiǎo（くるぶしからつま先まで）

流感 liúgǎn（インフルエンザ）
胃肠炎 wèichángyán（胃腸炎）
气管炎 qìguǎnyán（気管支炎）
感冒 gǎnmào（風邪）
肠炎 chángyán（腸炎）
胃炎 wèiyán（胃炎）
疼 téng（痛い）
酸 suān（だるい）
麻木 mámù（しびれる）
不舒服 bù shūfu（気持ち悪い）
发冷 fālěng（悪寒）
发烧 fāshāo（熱）
头晕 tóuyūn（眩暈）
咳嗽 késou（咳）
流鼻涕 liú bítì（鼻水が出る）
打喷嚏 dǎ pēntì（くしゃみをする）
拉肚子 lā dùzi（下痢）
恶心 ěxin（吐き気）
呕吐 ǒutù（嘔吐）
没有胃口 méiyǒu wèikǒu（食欲が無い）

UNIT 36 ホテル

36-1 チェックインができる

 聞いてみよう

高橋さんはウェブで予約したホテルに到着しました。

🔊216　🔊217

A: 您好！我在网上预订了一个房间。
　　Nín hǎo! Wǒ zài wǎngshang yùdìngle yí ge fángjiān.

B: 说一下您的姓名和手机号。
　　Shuō yíxià nín de xìngmíng hé shǒujīhào.

A: <u>高桥美雪，123-9876-5432</u>。
　　Gāoqiáo Měixuě, yāo èr sān - jiǔ bā qī liù - wǔ sì sān èr.

B: 您预订了一个<u>大床房</u>，是吗？
　　Nín yùdìngle yí ge dàchuángfáng, shì ma?

A: 对。
　　Duì.

B: 这是房卡，上面有您的房间号。
　　Zhè shì fángkǎ, shàngmiàn yǒu nín de fángjiānhào.

単語 Check

- □ 网上 wǎngshang（ネット）
- □ 房间 fángjiān（部屋）
- □ 姓名 xìngmíng（氏名、名字と名前）
- □ 手机 shǒujī（携帯電話）
- □ 大床房 dàchuángfáng（クイーンサイズのベッドがある部屋）
- □ 房卡 fángkǎ（部屋のカードキー）
- □ 上面 shàngmiàn（上、表面）

置き換えてみよう　下線部を置き換えて練習してみよう

| 单人间 dānrén jiān | 双人间 shuāngrén jiān | 标准间 biāozhǔn jiān | 豪华间 háohuá jiān | 套房 tàofáng |

Point　"把"を使った文

我可以把行李寄存在这里吗？ Wǒ kěyǐ bǎ xíngli jìcúnzài zhèli ma?（ここに荷物を預けられますか）

"把"を使った文は、「主語＋"把"＋目的語＋動詞＋α」の形で、"把"によって目的語を動詞の前に出したSOV型の構文になります。既存の事物に何らかの処置を加え、ある状態にすることを表すため、動詞の後には動作の結果状態や変化を表す結果補語や方向補語など、なんらかの＋αの成分を加える必要があります。

36-2 チェックアウトができる

 聞いてみよう

高橋さんはホテルをチェックアウトします。

📻218　📻219

A: 您好！退房。
　　Nín hǎo!　Tuìfáng.

（チェックアウトの処理）

B: 好的，可以了。
　　Hǎo de,　kěyǐ　le.

A: 我可以把行李寄存在这里吗?
　　Wǒ kěyǐ bǎ xíngli jìcúnzài zhèli ma?

B: 没问题。请您填一下这张单子。
　　Méi wèntí. Qǐng nín tián yíxià zhèi zhāng dānzi.

A: 能帮我订一辆出租车吗?
　　Néng bāng wǒ dìng yí liàng chūzūchē ma?

　　<u>晚上7点去机场</u>的。
　　Wǎnshang qī diǎn qù jīchǎng de.

B: 可以。
　　Kěyǐ.

単語Check

☐ 退房 tuì//fáng
　（チェックアウトする）
☐ 把 bǎ（～を）
☐ 行李 xíngli（荷物）
☐ 寄存 jìcún（預ける）
☐ 问题 wèntí（問題）
☐ 填 tián
　（記入する、埋める）
☐ 张 zhāng（[紙状のものを数える] ～枚）
☐ 单子 dānzi（伝票）
☐ 辆 liàng（[車両を数える] ～台）
☐ 出租车 chūzūchē
　（タクシー）
☐ 机场 jīchǎng（空港）

UNIT 36

💬 置き換えてみよう　下線部を置き換えて練習してみよう

MEMO

ホテルでよく使うフレーズ

我要办入住手续。Wǒ yào bàn rùzhù shǒuxù.（チェックイン手続きをしたいのですが。）
请把这张表填好吧。Qǐng bǎ zhè zhāng biǎo tiánhǎo ba.（このカードにご記入をお願いします。）
您预订了一个单人间，20-21号两个晚上，是吗? Nín yùdìngle yí ge dānrén jiān, èrshí hào dào èrshiyī hào liǎng ge wǎnshang, shì ma?（あなたが予約されたのはシングルルームで、20〜21日の2泊ですね。）
请你填写一下住宿登记表。Qǐng nǐ tiánxiě yíxià zhùsù dēngjìbiǎo.（宿泊表にご記入お願いします。）
给我看一下您的护照。Gěi wǒ kàn yíxià nín de hùzhào.（パスポートをお見せください。）
请在这里签名。Qǐng zài zhèli qiānmíng.（ここにサインをお願いします。）

言ってみよう

36-1

A: すみません！ネットで部屋を予約したんですが。
A: 高橋美雪です。123-9876-5432
A: はい。

B: お名前と携帯番号をいただけますか。
B: クイーンルームを1部屋ご予約ですね。
B: こちらがルームカードです。表に部屋番号があります。

36-2

A: すみません！チェックアウトします。
A: 荷物をここに預けられますか。

A: タクシーを1台予約していただけますか。夜7時に空港まで。

B: はい。終わりました。
B: 大丈夫です。こちらの伝票に記入してください。
B: わかりました。

練習してみよう

▶ホテルの宿泊表を書き込んでみよう

住宿登记表 zhùsù dēngjìbiǎo			
姓名 xìngmíng			
中文姓名 zhōngwén xìngmíng			
国籍 guójí	性别 xìngbié		出生日期 chūshēng rìqī
地址 dìzhǐ		证件号码 zhèngjiàn hàomǎ	
证件种类 zhèngjiàn zhǒnglèi		签证号码 qiānzhèng hàomǎ	
签证种类 qiānzhèng zhǒnglèi		签证号码 qiānzhèng hàomǎ	
停留事由 tíngliú shìyóu		身份或职业 shēnfèn huò zhíyè	
从何处来 cóng héchù lái		往何处去 wǎng héchù qù	
抵达日期 dǐdá rìqī		预住天数 yùzhù tiānshù	

签名
qiānmíng

単語＆表現

住宿 zhùsù（宿泊する）
登记 dēngjì（チェックインする）
地址 dìzhǐ（住所）
证件 zhèngjiàn（証明書）
种类 zhǒnglèi（種類）
号码 hàomǎ（番号）
签证 qiānzhèng（ビザ）

停留 tíngliú（滞在する）
事由 shìyóu（理由）
身份 shēnfèn（身分）
职业 zhíyè（職業）
何处 héchù（どこ）
抵达 dǐdá（到着する）
天数 tiānshù（日数）

UNIT 36

UNIT 37 ホテルの食事

37-1 ホテルの朝食を確認できる

 聞いてみよう

高橋さんはホテルの朝食の時間と場所を確認しています。

📢 220　　📢 221

A: 请问，早饭 在 哪儿 吃？
　　Qǐngwèn, zǎofàn zài nǎr chī?

B: 早饭 在 <u>二 楼 餐厅</u>。
　　Zǎofàn zài èr lóu cāntīng.

A: 几点 开始 营业？
　　Jǐ diǎn kāishǐ yíngyè?

B: <u>平时 早上 6 点，周末 7 点</u>。
　　Píngshí zǎoshang liù diǎn, zhōumò qī diǎn.

A: 早饭 可以 在 房间 里 吃 吗？
　　Zǎofàn kěyǐ zài fángjiān li chī ma?

B: 可以，给 客房 服务 打 电话 就 行。
　　Kěyǐ, gěi kèfáng fúwù dǎ diànhuà jiù xíng.

単語 Check

- ☐ 楼 lóu（～階）
- ☐ 营业 yíngyè（営業する）
- ☐ 开始 kāishǐ（始まる）
- ☐ 平时 píngshí（普段）
- ☐ 里 li（～中）
- ☐ 客房 kèfáng（客室）
- ☐ 服务 fúwù（サービス）
- ☐ 电话 diànhuà（電話）
- ☐ 行 xíng（よろしい）

💬 **置き換えてみよう**　下線部を置き換えて練習してみよう

MEMO

Point 「いくらくらい？」"什么价位？"

"价位 jiàwèi"は元々、商品やサービスの等級を指し、「価格帯」という意味です。"什么价位？ Shénme jiàwèi?"で「どのような価格帯か＝いくらくらい？」と、大体の価格を尋ねる時に使います。「いくら？」は"多少钱？ Duōshao qián?"を学びましたが、もう少し婉曲に尋ねたい場合は、こちらを使いましょう。

37-2 ホテルの食事を選べる

 聞いてみよう

高橋さんは何を食べることにしたのでしょうか？

📻 222　　📻 223

A：这个 宾馆 都 有 什么 餐厅？
　　Zhèige bīnguǎn dōu yǒu shénme cāntīng?

B：有 法式 西餐、四川菜，还有 一 家 自助餐。
　　Yǒu fǎshì xīcān, sìchuāncài, hái yǒu yì jiā zìzhùcān.

A：自助餐 什么 价位？
　　Zìzhùcān shénme jiàwèi?

B：130 元 一 位。这 家 好像 挺 火 的。
　　Yìbǎi sānshí yuán yí wèi. Zhèi jiā hǎoxiàng tǐng huǒ de.

A：价格 还 可以。
　　Jiàgé hái kěyǐ.

B：今晚 我们 就 在 这 家 吃 吧。
　　Jīnwǎn wǒmen jiù zài zhèi jiā chī ba.

単語Check

- □ 宾馆 bīnguǎn（ホテル）
- □ 法式 fǎshì（フランス式）
- □ 西餐 xīcān（西洋料理、洋食）
- □ 四川菜 Sìchuāncài（四川料理）
- □ 自助餐 zìzhùcān（バイキング）
- □ 价位 jiàwèi（価格帯）
- □ 好像 hǎoxiàng（まるで〜のようだ）
- □ 火 huǒ（[店が]流行っている）
- □ 价格 jiàgé（価格、値段）
- □ 今晚 jīnwǎn（今晩）

UNIT 37

 置き換えてみよう　下線部を置き換えて練習してみよう

| 日式餐厅 | 美式餐厅 | 湖南菜 | 广东菜 |
| rìshì cāntīng | měishì cāntīng | Húnáncài | Guǎngdōngcài |

「〜のようだ」"好像"

"好像 hǎoxiàng"という副詞を使った文が出てきました。"这家（店）好像挺火的。Zhèi jiā (diàn) hǎoxiàng tǐng huǒ de."（この店はとても人気があるようだ。）では、「どうも〜みたいだ」という意味ですが、ほかに動詞の用法として「まるで〜のようだ」という意味もあります。この場合は以下のように、形容詞 "一样 yíyàng" といっしょに使われることが多いです。

他汉语说得很好，好像中国人一样。Tā Hànyǔ shuōde hěn hǎo, hǎoxiàng Zhōngguórén yíyàng.
（彼は中国語がうまく、まるで中国人のようだ。）

言ってみよう

37-1

A: すみません、朝食はどこで食べるんですか？
A: 何時から始まりますか？
A: 朝食は部屋でも食べられますか？

B: 朝食は2階のレストランです。
B: 平日は朝6時、土日は7時です。
B: はい。ルームサービスにお電話くだされば大丈夫です。

37-2

A: このホテルにはどんなレストランがありますか。
A: ビュッフェはいくらくらい？
A: 値段はまあまあね。

B: フランス料理、四川料理、あとビュッフェ式レストランもあります。
B: 一人130元で、こちらは人気があるようです。
B: 今晩はこの店で食べてはいかがですか。

練習してみよう

▶それぞれのレストランの営業時間と場所、価格を確認してみよう

A

1F/ 上海料理
毎日 11 時〜23 時

B

3F/ 四川料理
月〜金：16 時〜22 時
土〜日：11 時〜23 時

C

14F/ 広東料理
朝食と夕食のみ
毎日 6 時 30 分〜9 時 20 分
　　　17 時〜23 時

▶下の中国語は中国の八大料理と呼ばれるものです
それぞれどんな特徴があるか調べてみよう

鲁菜　Lǔcài

川菜　Chuāncài

粤菜　Yuècài

苏菜　Sūcài

闽菜　Mǐncài

浙菜　Zhècài

湘菜　Xiāngcài

徽菜　Huīcài

UNIT 38 トラブル

38-1 困ったことを伝えることができる

 聞いてみよう

高橋さんが泊まっているホテルでトラブル発生！

🔊 224　　🔊 225

A: 喂，是 前台 吗？
　　Wéi, shì qiántái ma?

B: 对，您 有 什么 要求？
　　Duì, nín yǒu shénme yāoqiú?

A: 我 房间 的 空调 坏 了，
　　Wǒ fángjiān de kōngtiáo huài le,

　　请 您 找 人 来 修 一下。
　　qǐng nín zhǎo rén lái xiū yíxià.

B: 好 的，请 稍等。
　　Hǎo de, qǐng shāoděng.

A: 我 还 要 一 卷 卫生纸。
　　Wǒ hái yào yì juǎn wèishēngzhǐ.

B: 好 的，一会儿 叫 人 给 您 送过去。
　　Hǎo de, yíhuìr jiào rén gěi nín sòngguoqu.

単語 Check

- □ 前台 qiántái（フロント）
- □ 要求 yāoqiú（希望、要求（する））
- □ 空调 kōngtiáo（エアコン）
- □ 坏 huài（悪い）
- □ 修 xiū（修理する）
- □ 卷 juǎn（［ロール状のものを数える］〜本）
- □ 卫生纸 wèishēngzhǐ（トイレットペーパー）
- □ 一会儿 yíhuìr（しばらく）
- □ 送 sòng（贈る、送る）
- □ 过去 guoqu（［方向補語］動作が話者がいるところから他のところに向かって行われる）

 置き換えてみよう　下線部を置き換えて練習してみよう

电视坏了	马桶坏了	淋浴坏了
diànshì huài le	mǎtǒng huài le	línyù huài le

Point 「〜させる」…使役文

"一会儿叫人给您送过去。Yíhuìr jiào rén gěi nín sòngguoqu."（のちほど、持って行かせます）という文は、「人（誰か）に〜させる」という使役表現です。使役表現は「A ＋ 使役動詞（叫 jiào/让 ràng）＋ B ＋動詞 or 動詞フレーズ」で「A は B に〜させる／するように言う」という語順です。"叫"のほか、よく使われるのが"让"です。"叫"と"让"は基本的には言い換えられるのですが、もともと「命じる」という意味の"叫"は「指示してやらせる」ニュアンスがあり、「譲る」という意味の"让"ではやや命令のニュアンスがソフトになります。例えば"让你久等了。Ràng nǐ jiǔ děng le."（長いことお待たせしました。）は"让"しか使えません。

38-2 分からないことを尋ねることができる

 聞いてみよう

高橋さんの部屋でまたトラブルが発生したようです。

🔊 226　🔊 227

A: 我 房间 的 <u>电视</u> 坏 了。
　　Wǒ fángjiān de diànshì huài le.

B: 您 住 哪个 房间？
　　Nín zhù něige fángjiān?

A: 9 3 8 房间。
　　Jiǔ sān bā fángjiān.

B: 请 稍等，我们 马上 去 修。
　　Qǐng shāoděng, wǒmen mǎshàng qù xiū.

A: 还有，房间 的 Wi-Fi 密码 是 多少？
　　Hái yǒu, fángjiān de Wi-Fi mìmǎ shì duōshao?

B: 在 房间 的 桌子 上 有 密码。
　　Zài fángjiān de zhuōzi shang yǒu mìmǎ.

単語Check
- 电视 diànshì（テレビ）
- 住 zhù（泊まる、住む）
- 哪个 něige（どれ、どの）
- 马上 mǎshàng（すぐに）
- 密码 mìmǎ（パスワード）
- 桌子 zhuōzi（机、テーブル）

UNIT 38

置き換えてみよう　下線部を置き換えて練習してみよう

| 123 | 971 | 207 |
| yāo èr sān | jiǔ qī yāo | èr líng qī |

また既出の"请 qǐng"も実は兼語文の用法として「〜してもらう、するようにお願いする」という意味で使われます。"请多关照。Qǐng duō guānzhào."（よろしくお世話ください＝よろしくお願いします。）のように使います。しかし、"请坐"や"请喝茶"の"请"は「どうぞ〜してください」という敬語表現で使役ではありません。

使役の否定形は"不"、"没"を使役動詞の前に置きます。"妈妈不让我去美国。Māma bú ràng wǒ qù Měiguó."（母は私をアメリカに行かせてくれない。）。

言ってみよう

38-1

A: もしもし、フロントですか。
A: エアコンが壊れました。修理の人を寄越してください。
A: あとトイレットペーパーもお願いします。

B: はい、どんなご用でしょうか。
B: わかりました。少しお待ちください。
B: わかりました。のちほど持って行かせます。

38-2

A: 部屋のテレビが壊れました。
A: 938です。
A: あと、部屋のWi-IFiのパスワードは？

B: どちらのお部屋でしょうか。
B: 少しお待ちください。すぐ修理にうかがいます。
B: お部屋のテーブルの上にパスワードがございます。

練習してみよう

▶ 下のA〜Cのイラストのトラブルをフロントに伝えてみよう

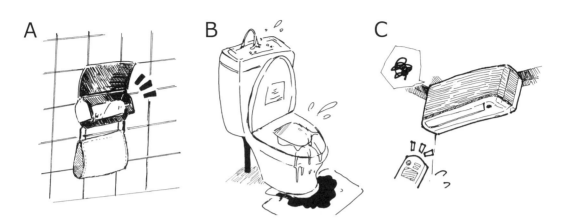

単語＆表現　　ホテルのトラブル

お湯がありません。
　没有热水。
　Méiyǒu rèshuǐ.

シャワーが壊れました。
　淋浴坏了。
　Línyù huài le.

トイレットペーパーがなくなりました。
　没有卫生纸了。
　Méiyǒu wèishēngzhǐ le.

トイレの水が流れません。
　厕所的水流不下去。
　Cèsuǒ de shuǐ liúbuxiàqu.

トイレが詰まりました。
　马桶堵了。
　Mǎtǒng dǔ le.

ルームカードキーを部屋に置いてきました。
　我把房卡落在房间里了。
　Wǒ bǎ fángkǎ làzài fángjiān li le.

ドアが開きません。
　门打不开。
　Mén dǎbukāi.

タオルがありません。
　没有毛巾。
　Méiyǒu máojīn.

テレビが壊れました。
　电视机坏了。
　Diànshìjī huài le.

照明がつきません。
　灯不开。
　Dēngbukāi.

UNIT 39 緊急事態

39-1 落し物をしたことを伝えることができる

 聞いてみよう

緊急事態発生！高橋さんの財布が見あたりません。

📢 228　　📢 229

A: 怎么 了?
　　Zěnme le?

B: 我 钱包 不 见 了。
　　Wǒ qiánbāo bú jiàn le.

A: 你 放在 哪儿 了?
　　Nǐ fàngzài nǎr le?

B: 放在 背包 里 了。
　　Fàngzài bēibāo li le.

A: 不 会 是 落在 房间 了 吧?
　　Bú huì shì làzài fángjiān le ba?

B: 有 可能。
　　Yǒu kěnéng.

単語 Check

☐ 放 fàng（置く）
☐ 背包 bēibāo（リュック）
☐ 落 là（置き忘れる）
☐ 有可能 yǒu kěnéng（〜かもしれない）

💬 **置き換えてみよう**　下線部を置き換えて練習してみよう

护照　　　　身份证　　　　手机
hùzhào　　shēnfènzhèng　　shǒujī

Point 「〜するはずがない」"不会"

"不会是落在房间了吧？Bú huì shì làzài fángjiān le ba?"（まさか部屋に置き忘れたんじゃないよね）で使われている"不会"は、「できる」という意味の"会"の否定ではなく、「〜だろう」という可能性を示す使い方の否定になります。"不会"はよく単独でも使われます。「そんなことはありえない」は"不会的！Bú huì de!"、「そんなことはないでしょう」は"不会吧。Bú huì ba."と言います。

39-2 盗まれたことを伝えることができる

 聞いてみよう

高橋さん、次は携帯電話が見あたりません。

🔊 230　　🔊 231

A: 你 有 没有 看到 我 的 <u>手机</u>?
　　Nǐ yǒu méiyǒu kàndao wǒ de shǒujī?

B: 没有。<u>刚才</u> 你 还 拿着 呢。
　　Méiyǒu. Gāngcái nǐ hái názhe ne.

A: 但是 现在 不 见 了。
　　Dànshì xiànzài bú jiàn le.

B: 是 不 是 <u>下车</u> 的 时候 被 偷 了?
　　Shì bu shì xiàchē de shíhou bèi tōu le?

A: 有 可能。
　　Yǒu kěnéng.

B: 那 赶紧 报警 吧!
　　Nà gǎnjǐn bàojǐng ba!

単語 Check

- 刚才 gāngcái（さっき）
- 下车 xià//chē（[車や列車を]降りる）
- 时候 shíhou（〜の時）
- 被 bèi（[受身に用いて]〜に…される）
- 偷 tōu（盗む）
- 赶紧 gǎnjǐn（大急ぎで、即座に）
- 报警 bào//jǐng（通報する）

UNIT 39

💬 **置き換えてみよう**　下線部を置き換えて練習してみよう

| 走路的时候 | 刚才 | 在商场 | 在火车上 | 在车站 |
| zǒulù de shíhòu | gāngcái | zài shāngchǎng | zài huǒchē shang | zài chēzhàn |

「〜される」…受身文

受身文は、「A（される側）＋"被"＋B（する側）＋動詞＋α（動詞フレーズ）」という語順になります。「私の携帯電話は泥棒に盗まれた。」をこの文型に入れると以下のようになります。

<u>我的手机</u>　<u>被</u>　<u>小偷儿</u>　偷走了。　Wǒ de shǒujī bèi xiǎotōur tōuzǒu le.
　A　　　　　　　B　　　動詞＋α

受身の否定形は"没"を"被"の前に置きます。

言ってみよう

39-1

A: どうしたの?
A: どこに置いたの?
A: まさか部屋に置き忘れたんじゃないよね?

B: 財布が見あたらない。
B: リュックの中に入れた。
B: そうかも。

39-2

A: 私の携帯見なかった?
A: でも今は見あたらない。
A: そうかもしれない。

B: 見てない。ついさっきはまだ持ってたよ。
B: 電車を降りる時に盗まれたんじゃない?
B: じゃすぐに警察に届けなくちゃ。

練習してみよう

▶盗まれたものを伝えてみよう

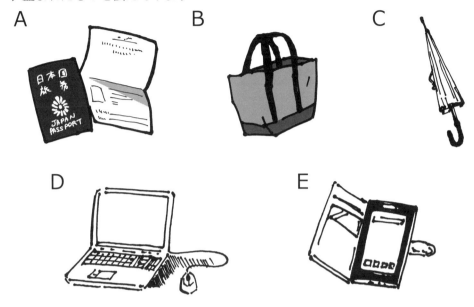

A　B　C　D　E

▶財布をいつ、どこで、どんな人に盗まれたかを下の文を参考に伝えてみよう

　　　　　　　　　　　　　　　▶ 我的钱包被偷了！
　　　　　　　　　　　　　　　　 Wǒ de qiánbāo bèi tōu le!

是什么时候被偷的？　　　　　　▶ 是<u>下车的时候</u>被偷的。
Shì shénme shíhou bèi tōu de?　　 Shì xiàchē de shíhou bèi tōu de.

是在哪儿被偷的？　　　　　　　▶ 是<u>在车上</u>被偷的。
Shì zài nǎr bèi tōu de?　　　　　 Shì zài chēshang bèi tōu de.

是被谁偷的？　　　　　　　　　▶ 是被<u>一个戴眼镜的人</u>偷的。
Shì bèi shéi tōu de?　　　　　　 Shì bèi yí ge dài yǎnjìng de rén tōu de.

単語 & 表現

提箱 tíxiāng（スーツケース）	钱 qián（お金）
皮包 píbāo・背包 bēibāo・书包 shūbāo（鞄）	票 piào（チケット）
单肩包 dānjiānbāo（ショルダーバック）	手表 shǒubiǎo（時計）
双肩包 shuāngjiānbāo（リュックサック）	手机 shǒujī（ケータイ）
手提包 shǒutíbāo（手提袋）	房卡 fángkǎ（ホテルのカードキー）
钱包 qiánbāo（サイフ）	电脑 diànnǎo（パソコン）
护照 hùzhào（パスポート）	钥匙 yàoshi（カギ）

UNIT 40 お祝い

40-1 新年のあいさつができる

聞いてみよう

お正月になりました。

🔊 232　　🔊 233

A: 新年 快乐！
　 Xīnnián kuàilè!

B: 新年 快乐！
　 Xīnnián kuàilè!

A: 今年 是 什么 年？
　 Jīnnián shì shénme nián?

B: 今年 是 狗年。
　 Jīnnián shì gǒunián.

A: 你 收到 压岁钱 了 吗？
　 Nǐ shōudào yāsuìqián le ma?

B: 收到 了 很 多。
　 Shōudào le hěn duō.

単語 Check

- ☐ 新年 xīnnián
  （元旦、正月、新年）
- ☐ 新年快乐
  xīnnián kuàilè（あけましておめでとう）
- ☐ 狗年 gǒunián（戌年）
- ☐ 收到 shōudào
  （受け取る）
- ☐ 压岁钱 yāsuìqián
  （お年玉）

置き換えてみよう　下線部を置き換えて練習してみよう

鼠	牛	虎	兔	龙	蛇
shǔ	niú	hǔ	tù	lóng	shé
马	羊	猴	鸡	狗	猪
mǎ	yáng	hóu	jī	gǒu	zhū

Point　中国の正月

中国では正月を旧暦で祝うため、1月下旬から2月中旬と年によって正月の期間が異なります。この旧暦の正月のことを"春节 Chūnjié"と言います。この時期、学校や企業は1週間前後休みとなり、"春节"を故郷の家族と過ごすため、中国国内では民族大移動が起こります。

40-2 お祝いができる

聞いてみよう

今日は張さんの誕生日です。

📢 234　　📢 235

A: 祝 你 生日 快乐！
　　Zhù nǐ shēngrì kuàilè!

B: 谢谢！
　　Xièxie!

A: 这 是 我 送 你 的 生日 礼物。
　　Zhè shì wǒ sòng nǐ de shēngrì lǐwù.

B: 是 什么？
　　Shì shénme?

A: 你 打开 看看 吧。
　　Nǐ dǎkāi kànkan ba.

B: 这么 漂亮 的 帽子，太 开心 了！
　　Zhème piàoliàng de màozi, tài kāixīn le!

単語 Check

- 祝 zhù
  （心から願う、祈る）
- 生日 礼物
  shēngrì lǐwù
  （誕生日プレゼント）
- 打开 dǎ//kāi
  （開ける）
- 漂亮 piàoliang
  （きれいだ）
- 帽子 màozi（帽子）
- 开心 kāixīn
  （うれしい、愉快である）

UNIT 40

置き換えてみよう　下線部を置き換えて練習してみよう

MEMO

「お祈りします」と「おめでとう」の表現

"祝 zhù" を文頭に置くと「～することを祈る・願う」という意味になり、道中の無事を祈ったり、誕生日を祝ったりする時に使います。

祝你成功！ Zhù nǐ chénggōng!（成功を祈ります！）

祝你一切顺利！ Zhù nǐ yíqiè shùnlì!（全てが順調でありますように！）

祝你周末愉快！ Zhù nǐ zhōumò yúkuài!（楽しい週末を！）

祝你身体健康！ Zhù nǐ shēntǐ jiànkāng!（お元気でありますように！）

言ってみよう

40-1

A: 明けましておめでとう！
A: 今年はなにどし？
A: お年玉もらった？

B: 明けましておめでとう！
B: 今年は戌年だよ。
B: たくさんもらったよ。

40-2

A: お誕生日おめでとう！
A: これは私からあなたへの誕生日プレゼント。
A: 開けて見てみてよ。

B: ありがとう！
B: なあに？
B: こんなにすてきな帽子、すごくうれしい！

練習してみよう

▶下のAとBのイラストの場面でふさわしい中国語を言ってみよう

▶中国の祝祭日や記念日について調べてみよう

春节 Chūnjié	（(旧暦の1月1日）旧暦の正月)
元宵节 Yuánxiāojié	（元宵節、"春节"の最後の日)
情人节 Qíngrénjié	（(2月14日）バレンタインデー)
妇女节 Fùnǚjié	（(3月8日）国際婦人デー)
清明节 Qīngmíngjié	（(旧暦の4月5日頃）清明節)
劳动节 Láodòngjié	（(5月1日）労働節、メーデー)
端午节 Duānwǔjié	（(旧暦の5月5日）端午の節句)
儿童节 Értóngjié	（(6月1日）国際児童節)
七夕 Qīxī	（(旧暦の7月7日）七夕)
中秋节 Zhōngqiūjié	（(旧暦の8月15日）中秋節)
重阳节 Chóngyángjié	（(旧暦の9月9日）菊の節句)
国庆节 Guóqìngjié	（(10月1日）国慶節、建国記念日)
光棍节 Guānggùnjié	（(11月11日）独身者の日)

著者

氷野　善寬（目白大学外国語学部 専任講師）

板垣　友子（杏林大学外国語学部 特任教授）

紅粉　芳惠（大阪産業大学国際学部 准教授）

阿部慎太郎（近畿大学法学部 講師）

海　　暁芳（北京市建華実験学校 中学教師）

本文デザイン　　氷野善寬
本文イラスト　　駒澤零・大塚犬・いらすとや
ナレーション　　李軼倫・李茜

場面でマスター！中国語会話

2018 年 9 月 1 日　初版第 1 刷発行
2025 年 3 月31日　初版第 8 刷発行

発行者　　上野名保子

発行所　　株式会社　駿河台出版社
〒101-0062　東京都千代田区神田駿河台 3-7
電話　03-3291-1676　FAX　03-3291-1675
E-mail:info@e-surugadai.com
URL:http://www.e-surugadai.com

印刷　フォレスト
ISBN978-4-411-03119-8　C1087　￥1900E

中国語音節全表

韻母 声母	1																
	a	o	e	-i	er	ai	ei	ao	ou	an	en	ang	eng	ong	i	ia	iao	ie
b	ba	bo				bai	bei	bao		ban	ben	bang	beng		bi		biao	bie
p	pa	po				pai	pei	pao	pou	pan	pen	pang	peng		pi		piao	pie
m	ma	mo	me			mai	mei	mao	mou	man	men	mang	meng		mi		miao	mie
f	fa	fo					fei		fou	fan	fen	fang	feng					
d	da		de			dai	dei	dao	dou	dan		dang	deng	dong	di		diao	die
t	ta		te			tai		tao	tou	tan		tang	teng	tong	ti		tiao	tie
n	na		ne			nai	nei	nao	nou	nan	nen	nang	neng	nong	ni		niao	nie
l	la		le			lai	lei	lao	lou	lan		lang	leng	long	li	lia	liao	lie
g	ga		ge			gai	gei	gao	gou	gan	gen	gang	geng	gong				
k	ka		ke			kai	kei	kao	kou	kan	ken	kang	keng	kong				
h	ha		he			hai	hei	hao	hou	han	hen	hang	heng	hong				
j															ji	jia	jiao	jie
q															qi	qia	qiao	qie
x															xi	xia	xiao	xie
zh	zha		zhe	zhi		zhai	zhei	zhao	zhou	zhan	zhen	zhang	zheng	zhong				
ch	cha		che	chi		chai		chao	chou	chan	chen	chang	cheng	chong				
sh	sha		she	shi		shai	shei	shao	shou	shan	shen	shang	sheng					
r			re	ri				rao	rou	ran	ren	rang	reng	rong				
z	za		ze	zi		zai	zei	zao	zou	zan	zen	zang	zeng	zong				
c	ca		ce	ci		cai		cao	cou	can	cen	cang	ceng	cong				
s	sa		se	si		sai		sao	sou	san	sen	sang	seng	song				
	a	o	e		er	ai	ei	ao	ou	an	en	ang	eng		yi	ya	yao	ye

	in	iang	ing	iong	3									4			
n	in	iang	ing	iong	u	ua	uo	uai	uei	uan	uen	uang	ueng	ü	üe	üan	ün
an	bin		bing		bu												
an	pin		ping		pu												
an	min		ming		mu												
					fu												
an			ding		du		duo		dui	duan	dun						
n			ting		tu		tuo		tui	tuan	tun						
an	nin	niang	ning		nu		nuo			nuan				nü	nüe		
n	lin	liang	ling		lu		luo			luan	lun			lü	lüe		
					gu	gua	guo	guai	gui	guan	gun	guang					
					ku	kua	kuo	kuai	kui	kuan	kun	kuang					
					hu	hua	huo	huai	hui	huan	hun	huang					
an	jin	jiang	jing	jiong										ju	jue	juan	jun
an	qin	qiang	qing	qiong										qu	que	quan	qun
an	xin	xiang	xing	xiong										xu	xue	xuan	xun
					zhu	zhua	zhuo	zhuai	zhui	zhuan	zhun	zhuang					
					chu	chua	chuo	chuai	chui	chuan	chun	chuang					
					shu	shua	shuo	shuai	shui	shuan	shun	shuang					
					ru	rua	ruo		rui	ruan	run						
					zu		zuo		zui	zuan	zun						
					cu		cuo		cui	cuan	cun						
					su		suo		sui	suan	sun						
n	yin	yang	ying	yong	wu	wa	wo	wai	wei	wan	wen	wang	weng	yu	yue	yuan	yun